Kerstin Kempker

Mitgift

Notizen vom Verschwinden

Peter Lehmann Antipsychiatrieverlag Berlin 2000

Die Deutsche Bibliothek - CIP-Einheitsaufnahme

Kempker, Kerstin:
Mitgift : Notizen vom Verschwinden /
Kerstin Kempker. - Berlin : Lehmann,
Antipsychiatrieverl., 2000
ISBN 3-925931-15-5

Druck: Fuldaer Verlagsanstalt GmbH
Umschlaggestaltung und Bildbearbeitung: Wolfram Pfreundschuh, München
Peter Lehmann Antipsychiatrieverlag Berlin 2000

ISBN 3-925931-15-5

Eine katholische Kindheit um '68, eine magere Jugend in Mainz, Volljährigwerden auf der Geschlossenen und drei Jahre in bodenloser Ferne von dem, was vorher war, und allem, was noch folgen konnte.

Im Februar 1999, zwanzig Jahre nach meiner Entlassung als damals Zwanzigjährige, fand ich es an der Zeit, mich mit meiner Psychiatriegeschichte zu beschäftigen. Vielleicht unter der Fragestellung »Wie ist sowas möglich?« Eine Frage, die in der Häcklinger Anstalt eine ältere Zimmerkollegin auf der Aufnahmestation Tag und Nacht stellte. Sie lag auf ihrem Bett, starrte zur Wand und brachte in verwaschener Sprache alle paar Minuten nur diese eine Frage heraus: »Wie ist sowas möglich?« Einbrecher hatten ihr auf den Kopf geschlagen. Nun teilten wir ein kleines Zimmer, und ich mußte beobachten, wie aus meinem anfänglichen Mitgefühl am zweiten Tag schon große Wut wurde und ich am dritten Tag eine gefüllte Wasserflasche über ihr schwang und drohte: »Wenn du nicht sofort aufhörst, knall ich dir die auf den Schädel!« Sie war dann still. Wie ist sowas möglich?

Wie kann ich über mich damals schreiben, auch über diese vermeintlich andere, die böse, die tote, die maßlose? Wieviel Distanz bringen zwanzig Jahre, und ist es eine klärende oder eher eine verklärende? Wie schonungslos kann ich sprechen von der Familie, den Psychiatern, den MitinsassInnen? Wen darf ich beim Namen nennen?

Und was gibt es zu sagen über damals? Was habe ich zu sagen? Es geht mir nicht um eine psychiatrische oder antipsychiatrische Beweisführung, daß in meinem ganz speziellen Fall die Psychiatrisierung falsch und schädlich war. Denn so besonders bin ich und ist meine Psychiatriegeschichte nicht. Das erfahre ich täglich an meinem Arbeitsplatz im Berliner Weglaufhaus, der bundesweit ersten antipsychiatrischen Zufluchtstätte für Psychiatriebetroffene.

Ich möchte beschreiben, wie alle es gut meinen und ihrer jeweiligen Schule folgend ihr Bestes geben und damit ein Leben in dunkle, schwere Bahnen lenken, in Morast tauchen, mit bleischweren Toten behängen. Ich möchte beschreiben, wie Psychiatrie wenn nicht tot, so doch verrückt macht, und wie weit der Weg danach in irgendeine Zukunft ist.

Ich weiß, warum ich mich sehr vorsichtig an dieses Thema herangepirscht habe. 1989, zehn Jahre nach der Entlassung, als ich eine Lehre gemacht, das Abitur nachgeholt, zwei Kinder bekommen und Sozialarbeit studiert hatte, schrieb ich meine Diplomarbeit über die »Teure Verständnislosigkeit - Die Sprache der Verrücktheit und die Entgegnung der Psychiatrie«. Das war die Theorie. Dann, nachdem wir, der Verein zum Schutz vor psychiatrischer Gewalt, 1996 das Weglaufhaus eröffnet hatten, befaßte ich mich in »Flucht in die Wirklichkeit - Das Berliner Weglaufhaus« 1998 als Herausgeberin mit unseren Erfahrungen dort, der Praxis. Es ist das gleiche Thema von der anderen Seite her betrachtet, als Mitarbeiterin in einem chaotischen und angefeindeten Projekt, das um sein Überleben kämpft und (sich) Verrücktheiten nur begrenzt gestatten kann.

Meine Psychiater sind inzwischen teils gestorben, teils berentet. Viele ehemalige MitinsassInnen haben sich umgebracht, zu wenigen habe ich noch Kontakt. Meine Töchter sind mit vierzehn und sechzehn Jahren in dem Alter, in dem meine Schwierigkeiten damals begannen. Ich schreibe also als Tochter und als Mutter, als Patientin und als Mitarbeiterin, erinnernd und täglich herausgefordert.

Im Weglaufhaus werde ich von den BewohnerInnen häufig nach meiner eigenen Geschichte befragt. Und indem ich antworte, öffne ich eine schwarze Kiste, beuge mich darüber, wühle Einzelstücke heraus, und schon knallt der schwere Deckel wieder zu. Glück gehabt, wenn er mir den Kopf nicht abreißt. Andere Fragen werden gestellt, die eigene aktuelle Leidenserfahrung brennt den BewohnerInnen unter den Nägeln, ich muß umschalten in Windeseile, darf nicht in meine Kiste plumpsen. Diese Anstrengung wird geringer werden, so hoffe ich, wenn einige Stücke herausgenommen und auf die Leine gehängt, zu Papier gebracht sind. Sie schrecken dann weniger.

Es ist auch ein Schreiben über das Schreiben. Mein Tagebuch brachte mich in die Psychiatrie, dort wurde verschrieben, ich beschrieben, schreibend kam ich auch wieder heraus. Danach schrieb ich mir in vielen Briefen an mein Phantom Verständigung zu und kämpfte schreibend darum, nicht als Schwerbehinderte und Pflegefall abgeschrieben zu werden.

Die Akten stehen hier neben eigenen Texten von damals* und Erinnerungen und Erlebnissen von heute, neben Bildern, der Familiensprache und literarischen Zitaten. Dieses Nebeneinander, das in leichter Abwandlung eines aktuellen Themas »Stimmen nicht hören« heißen könnte, soll dem Absurden ein Gesicht geben, das entsteht, wenn von allen Seiten Zuständigkeiten herbeiphantasiert werden, die es nicht geben kann, und daraus Taten resultieren, die wohlgemeint und katastrophal sind.

* Die eingerückten und die grau unterlegten Texte entstanden 1978 bis '81.

Vorher

Wuppertal – wir bauen uns ein Haus

Er

»Nichts, aus dem Nichts habe ich mich hochgearbeitet, in einer Wut, einer Arbeitswut, einer fast schon manischen Arbeitswut habe ich mit bloßen Händen dieses Haus aufgebaut, mir vom Munde abgespart, Stein auf Stein, immer nur geschuftet, Tag und Nacht meine Arbeit abgeleistet, als Arbeitstier, als Arbeitsidiot. Vom Jauchewagenziehen, vom ganz kleinen Kacker einfachster Leute auf dem Land, auf dem platten Land, zur Villa mit Schwimmbad und Auto, kein kleines Auto, zu Wohlstand und Sicherheit, in einem grenzenlosen und rücksichtslosen, gegen mich selbst rücksichtslosen Energieaufwand geackert und gleichzeitig die Karriereleiter hoch, ich, ein Unstudierter, in die höhere Beamtenlaufbahn. Ich hab's ihnen allen gezeigt, und sie wußten, mit wem sie's zu tun haben. Die haben sich nicht gemuckst.

Das habe ich euch immer gesagt, immer wieder, daß ich Gehorsam verlange, unbedingten und strikten Gehorsam. Daß ihr dann alles von mir haben könnt. Tätliche Fürsorge, eine Zukunft, eine Sicherheit. Schließlich habe ich euch geboren und gezeugt.

Und ich bin es ums Verrecken nie gewohnt gewesen, daß man mir widerspricht. Schon als Kind habe ich gesagt, wenn ich mal größer bin, dann müssen meine Kinder mir gehorchen. Ich bin tatsächlich nach wie vor der Meinung, daß Kinder, solange sie zu Hause sind, den Anweisungen ihrer Eltern zu gehorchen haben. Ich bin für dieses deutsche Wort ›gehorchen‹. Und wer nicht pariert, der soll die Konsequenzen spüren. Der Rohrstock hat noch keinen umgebracht. Diese modernen Weichlichkeiten, diese Weinerlichkeiten, diese fatale Inkonsequenz, daran gehen Familien zugrunde. Ja heißt ja, und Nein heißt nein. Wer A sagt, muß auch B sagen. Das sind klare Regeln, an die kann man sich halten. Da weiß man, woran man ist. Ihr sollt nicht denken, ihr sollt gehorchen. Mehr verlange ich nicht. Ihr sollt eure Eltern achten. Ihr sollt nicht die Stimme erheben gegen Vater und Mutter. Ihr sollt nur sprechen, wenn ihr gefragt werdet. Ihr sollt nicht lügen. Dieses Herumlavieren, diese Drückebergerei, das sinnlose Herumlungern, dieses totale wochen- und monatelange Nichtstun, das lasse ich nicht zu. Solange ihr eure Füße unter meinen Tisch stellt, habt ihr zu spuren. Da muß Klarheit drüber herrschen. Sonst können wir über alles reden.

Wenn ihr glaubt, existieren zu können, indem ihr euch die gleichen Rechte herausnehmt, wenn ihr euch sozusagen gleichberechtigt neben mich stellen wollt, dann verkennt ihr das natürliche Vater-Kind-Verhältnis. Gegen diese Bosheit, gegen diese Gleichberechtigung werde ich mich zu wehren wissen, um selbst existieren zu können. Und das wird Folgen haben, das wird euch teuer zu stehen kommen.

Ich habe euch immer gemocht, wie normalerweise Eltern ihre Kinder zu mögen pflegen. Wie im Tierreich ist das, wie bei jedem Pferd. Die Stute kümmert sich solange um das Fohlen, wie das Fohlen es nötig hat. Das ist der Lauf, der natürliche Lauf der Dinge.«

Sie

»Nichts Besonderes habe ich gesucht, einen kraftvollen und durchsetzungsstarken Mann, der sich herzeigen läßt, Kinder, ein eigenes Haus und eine Hoffnung, die nicht zu erschüttern ist. Mein Glaube hilft mir, und ich glaube, auch mein Mann wird noch zur Kirche finden. Er braucht nur Zeit, um zu entdecken, daß er selbst es ist, der das will. Letztlich wird die Liebe siegen. Mein Mann könnte etwas gebildeter sein, feinsinniger. Er ist die Aufgabe, die Gott mir zugedacht hat. Im rechten Moment das richtige Wort, dezent, aber beständig. Ich bin Grundschullehrerin. Als Pater Leppich in die Stadt kam, war ich sehr beeindruckt von seiner Güte und Herzlichkeit. Obwohl wir eisern sparen und mein Mann nichts davon wissen darf, habe ich seine Platte gekauft, wo er von den armen Kindern auf dieser Welt spricht. Später, als das erste Haus gebaut war, haben wir uns auch ein indisches Patenkind leisten können, Tara. Sie schreibt uns regelmäßig. Es ist wichtig, finde ich, daß die Kinder ein Gefühl für ihr Glück bekommen. Es fällt ihnen dann leichter, die Fastenzeit zu akzeptieren und etwas abzugeben. In Maßen, alles immer in Maßen. Kinder sind wie wilde Tiere, sie müssen gebändigt werden und auf den rechten Weg gewiesen. Immer habe ich sie allein am Hals.

In den ersten Jahren führte ich für jedes ein Tagebuch, um die Entwicklungsschritte und Eigenheiten festzuhalten. Es ist eine gute Vergleichsmöglichkeit, auch ein Instrument, um gegensteuern zu können.

Über K. habe ich festgehalten:

9 Mon.: K. versucht laufend, sich zu stellen. Wenn sie sich festhält, steht sie schon allein. Krabbeln tut sie gern und gut. Im Wagen ist sie fest angebunden, sonst würde sie kopfüber nach unten schießen. Als wir sie heute nach langer Zeit wieder ins Schaukelpferdchen setzten, gebärdete sie sich wie eine Wilde. Mit ihrem neugierigen Zeigefinger muß sie alles kritisch betupfen. K. ist ein richtiger Energieknubbel. Vor lauter Tatendrang stößt sie den Atem meist hechelnd von sich.

10 Mon.: Seit einigen Tagen stellt sich K. im Ställchen aufrecht und rüttelt an den Stäben.

11 Mon.: K. richtet sich nun selbständig im Ställchen auf und bewegt sich von einer Ecke zur anderen. Wird es ihr dort zu langweilig, dann wird sie in den Kinderwagen gesetzt, natürlich fest angeschnallt. Letzteren beherrscht sie sehr souverän in jede Richtung.

16 Mon.: Vor einer Woche versuchte Mama festzustellen, ob K. schon etwas versteht. Auf die Aufforderung: »K., gib mir ein Küßchen!« schmiegte sie ihr Köpfchen an und küßte in die Luft.
K. entwickelt sich zum Tyrann.

20 Mon.: K. ist sehr diktatorisch und kurz ab. Sie ist eine kleine ausstrahlende Persönlichkeit. Es bleibt abzuwarten, ob das altersbedingt oder anlagebedingt ist.

24 Mon.: Jetzt ist K. wieder zurechtgebogen.
K.s Lieblingswort ist »nä?« Hinter jedem zweiten Wort gebraucht sie das so ordinär wie möglich. »Mama kommt wieder, nä?«, »Papa nich da, nä?« Sie bewahrt viel Distanz bei allem.

25 Mon.: Sie wird sehr eigenwillig.

29 Mon.: K. hat ihr energisches Stadium. Kurz und bündig kommen ihre Aussprüche.
Vor Wonne beißt sie sich in den Handrücken.

32 Mon.: K. befindet sich in einer starken Trotzperiode. Man kann ihr nichts recht machen. Papa und Mama haben es schon mit Schlägen versucht. Das stört sie aber nicht bei ihrem Vorhaben. Gestern sagte sie immer wieder trotz Schlägen: »Ich will mein Kleidchen anhaben.« Sie ist hart im Nehmen. Sie soll nun nur noch eingesperrt werden. Das hilft am besten.
K.s Gebete sind sehr kurz und zackig, ebenso das Lied Hänschen klein.
Im Schlafzimmer wurde geredet. Mama holt nach langen Ermahnungen stillschweigend K. aus dem Bett heraus. K.: »Was tust du, Mama? Tust du mich in Keller einsperren?« Mama setzt K. in die Küche. Dort macht K. sofort Licht an: »Ich will doch gucken.« Im Wohnzimmer das gleiche. Im Badezimmer erst merkte sie, daß sie ihre Lage nicht mehr verbessern konnte, und rief: »Ich will doch lieb sein.« Tatsächlich war danach Ruhe. Vorher hatte K. bei Androhung von Patscha (Schläge) gefragt: »Wer haut mich denn?« (Papa war nicht da!)

35 Mon.: Neulich mußte Mama den Kindern die Bettdecken wegziehen und schließlich noch die Bettlaken, weil sie sich darin eingewickelt hatten. K. zeigt bei solch einer Aktion meist Gelassenheit und ihre frech hinten aus dem Hals kommende Stimme: »Das hab ich abber nich geerne!«

36 Mon.: Sie ist sehr kritisch und überhört nichts, z.B.: »Du sollst nicht Freundchen sagen! Ich bin Kerstin!«

Sie ist furchtbar kaltschnäuzig. Angeblich mußte sie aufs Klo, Fehlmeldung. Darum sagte Mama: »Jetzt bekommst du was hintendrauf!« K.: »Ich wein aber nicht.« Patscha! K.: »Siehst du, ich hab nicht geweint.«

38 Mon.: K. war ungezogen. Mama: »Eigentlich sollte ich dir den Po verhauen.« K.: »Kannst ruhig ein bißchen draufhauen, Mama!«

Abends, wenn die Kinder endlich schlafen und ich mich auf die Schule vorbereitet habe und noch Zeit ist, tue ich etwas für mich, manchmal lese ich in meinem Ratgeber »Schön sein - schön bleiben«. Es wird auf so vieles hingewiesen, an das man gar nicht denken würde, z.B. die Tips für einen anmutigen Gang:

Setzen Sie die Füße nicht über Kreuz, sonst rollen Sie wie eine Korvette in mittelschwerer See.

Setzen Sie die Füße nicht auseinander, sonst führt die Gewichtsverlagerung zum »Watscheln«.

Wenn Sie Ihren Gang genau kontrollieren wollen, spannen Sie eine Schnur auf den Boden, an der Sie auf einem Gartenweg entlanggehen. An den Spuren erkennen Sie genau, woran Sie sind.

Schlenkern Sie nicht mit den Armen! Es ist eine Backfischangewohnheit. Lassen Sie die Arme lose hängen, damit sie sich in natürlicher Gegenbewegung auspendeln können.

Schieben Sie nie den Oberkörper mit »hohlem Kreuz« vor sich her!

Trippeln Sie bitte nicht! Es ist eine schon längst vergessene Zeiterscheinung, die zur modernen berufstätigen Frau einfach nicht mehr paßt.

Aber bitte auch nicht einen forcierten Männerschritt, das überlassen wir gern den Herren der Schöpfung.

Locker und elastisch heißt unsere Parole!

Auch einer vielgeplagten Hausfrau muß man nicht ihre viele Arbeit auf den ersten Blick ansehen, sie kann – wenn sie nur will – auch beim Putzen oder Waschen sauber und adrett aussehen und gut gelaunt bleiben, wenn Er, die Kinder oder die Nachbarin sie geärgert haben. (Aureden)«

Wir

Papa baut. Wir sitzen im Bauwagen und haben schwere Klumpen Eintopf auf den Tellern. Die müssen geleert werden. Meine Puppe ist hungrig. Ich schraube ihren Kopf ab und fülle sie bis zum Rand. Später werde ich sie baden.

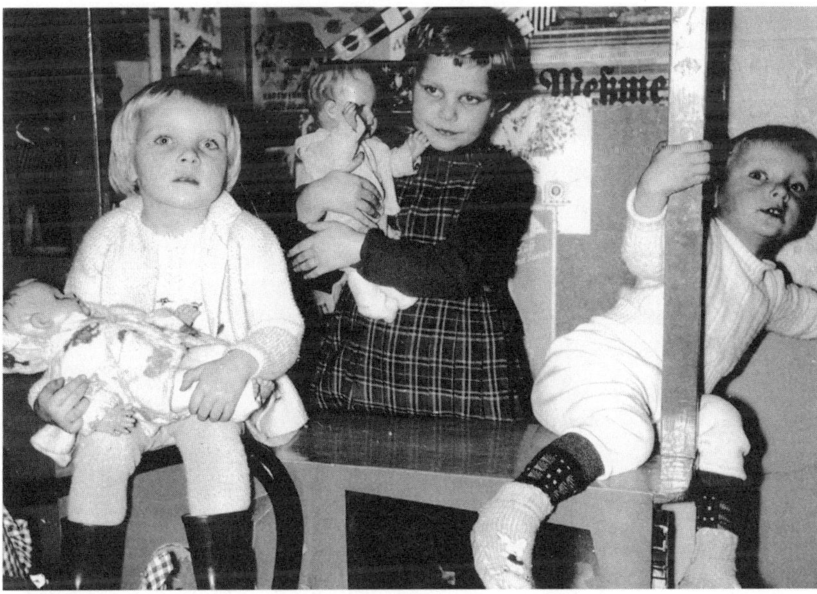

1962

Wir, das sind die Große, ich, der Bruder und die Kleine, die erst noch kommt. Oder die Falsche, ich, der Stammhalter und die heilige Kuh. Wir können Knickse und der Bruder einen rechtwinkligen Diener. Die Kleine kräht in ihrem Ställchen. Die steckt uns mal alle in den Sack. Die wird uns noch zeigen, wo's langgeht. Die hat Schneid. Die Große ist zu dick, 400 Züge am Rudergerät jeden Abend unter Aufsicht sollen abhelfen. Sie trickst. Wenn sie heimlich im Vorratskeller eine Limoflasche angebrochen hat, trinkt sie aus allen etwas, damit es nicht auffällt.

Wir haben ein großes Haus mit Hof und Garten, ein Auto, einen Wohnwagen, einen Vogel. Wir werden beherrscht. Aber wenn er auf Dienstreise ist, haben wir frei. Wir rühren keinen Finger. Wenn sie mit dem Kochlöffel hinter uns herjagt, rennen wir zur weißen Madonna aus Stein und fallen betend vor ihr in die Knie. Das hilft sofort.

Die Eltern auch empfehl' ich Dir,
behüte, lieber Gott, sie mir.
Vergilt, o Herr, weil ich nicht kann,
das Gute, das sie mir getan. Amen.

In der Waschküche im Keller schlafen die große Schwester und ich. Wir sammeln Spucke in einem Glas, damit wir was zu trinken haben und nicht aufstehen müssen. Wir schreiben in das große Strafbuch unsere Strafe vom nächsten Tag für das, was wir dann tun werden. Ich schreibe hundert Ichs untereinander, sie hundert darfs, ich hundert nichts, sie hundert mal lügen, hundert mal stehlen. Wir schreiben uns eine Sünde frei.

Englein schreibt ins Lebensbuch:
»Dein Seelchen ist heut an Sünden krank gewesen!«
Doch, wenn's dich reut,
kommt drunter gleich:
»Jetzt ist es schon genesen.«

Weil ich Angst habe vor den Insekten, die durch das Schachtfenster direkt in unser Etagenbett fallen oder krabbeln, hat die Schwester das Sagen. Gehorche ich, darf ich wählen, ob ich oben bei den Spinnen oder unten bei den Käfern schlafe.

Die Tierhochzeit: Ich schlafe unten. Auf dem Fußboden versammeln sich alle Insekten der Umgebung zu einem großen Fest. Ohrenkneifer, Grillen, fette haarige Spinnen, Kartoffel- und Aaskäfer, Schnecken, Raupen und Würmer hocken dicht an dicht auf dem Linoleum bis hinten zur Waschmaschine und nehmen mich ins Visier. Die Schwester schläft fest. Der Vater ist verreist. Hören wird mich keiner wegen der zwei schweren Eisentüren, die den Keller vom Rest des Hauses trennen. Nach langem Abwägen springe ich in drei großen Hüpfern über die Hochzeitsgesellschaft, reiße die Türen auf und falle außer Atem zwei Stockwerke höher neben die Mutter ins Ehebett. Sie schläft. Den Rest der Nacht schlage ich all die Würmer tot, die die Rolladenschlitze auf die Bettdecke werfen. Ich erzähle nichts.

Gegenüber wohnt Frau Becker. Als ihr Mann sie betrunken mit einem Beil verfolgt, darf sie bei uns übernachten. Aber nur dieses eine Mal. Nebenan lebt ein Junge mit einem Boxerhund, er boxt mit ihm. An der Weggabelung steht jeden Morgen ein Schäferhund und wirkt unentschlossen, wen von uns er anfallen soll.

Vorweihnbrandstimmung

Brenn, Kindlein brenn. Dein Mutter sagt dir wenn.
Dein Vater träumt vom Niemandsland,
Niemandsland ist abgebrannt,
brenn, Kindlein brenn.

Flenn, Kindlein flenn. Dein Mutter schimpft dich denn.
Dein Vater brennt von eigner Hand,
die Tränen dein löschen den Brand,
flenn, Kindlein flenn.

Renn, Kindlein renn. Dein Mutter stirbt gleich, renn.
Den Vater holt das Geisterland,
Glücklichsein ist keine Schand,
renn, Kindlein renn.

Trenn, Kindlein trenn. Dich von der Mutter trenn.
Und wenn Aschvater kommt gerannt,
dann ist er dir halt unbekannt,
trenn, Kindlein trenn.

Ihr Kinderlein, brennet, so brennet doch all.
Ihr Kinder, so rennet, und freut euch im Fall.

Advent, Advent, ein Kind das rennt.
Erst eins, dann zwei, dann drei, dann wir,
dann klopft das Kindlein an die Tür.

Advent, Advent, sein Auge brennt.
Erst eins, dann zwei, dann schreit das Kind
ist blind.

Advent 1962

Advent, Advent, das Kind es rennt
erst hin, dann weg, dann steht es still,
weil's nicht mehr sieht, wohin es will.

Advent, Advent, das Kind es kennt
nicht hier, nicht dort, nicht dich noch sich
Advent, Advent, es brennt, es brennt.

Hausverkauf. Das Umfeld drückt den Preis. Das nächste Haus in der anderen Stadt steht in einer vornehmen Villengegend am Rande des Stadtparks und ist flach.

Mainz – wir sind wer

Wir steigen auf. Jetzt sind wir wer. Wir blicken dem Bankdirektor ins Fenster, dem Fabrikanten, dem Professor und dem Stararchitekten in die Vorgärten. Ich komme aufs Gymnasium und schlafe jetzt über der Erde. Im roten Ohrensessel träume ich mir die Eltern tot.

Im Herbst '68 sammle ich in der Klosterschule für bessere Töchter ER-Sätze:

ER ist allgegenwärtig.
ER ist allwissend.
ER ist allmächtig.
ER hilft den Bedrängten und Beladenen.
ER vergibt uns Sündigern.

Zehn ER-Sätze bringen ein Sternchen im Notenbuch von Schwester Radegundis. Locker mache ich die Hundert voll, da kenn ich nichts. Schwester Radegundis, die Nonne mit dem Holzbein, ist es auch, die uns die Grundlagen der Grammatik einbleut im bewährten Frage-Antwort-Abschuß-Verfahren, einer Art Schülerversenken.

Der Fastnachtssamstag ist der gefährlichste Tag im Jahr. Da wird die Schule gestürmt vom benachbarten Jungengymnasium. Vereint stemmen sich alle verfügbaren Nonnen, die studierten in Schwarz und die arbeitenden in Blau, gegen das schwere Eichenportal und trotzen dem Feind. Die Seitenpforte ist fest verriegelt, alle Fenster im Erdgeschoß sind vergittert. Wir sind sicher und freuen uns am Einsatz unserer dunklen Schutzengel.

Ich trete dem Heliand bei, der weiblichen katholischen studierenden Jugend. Das Kloster stellt Räume zur Verfügung. Da sitzen wir mit dem gar nicht mehr jungen Pfarrer, der noch bei seiner Mutter wohnt und so unglücklich aus seinem massigen Körper hervorlugt. Wer selber eine Gruppe leiten möchte, muß die »Führerschulung« absolvieren. Ich qualifiziere mich, indem ich beim Abschlußfest einen Ungläubigen auf die rechte Bahn schicke. (Er übertreibt es dann und wird Krishna-Jünger.) Sonntags gehe ich zur Kirche. Das ist einerseits Pflicht, vorher gibt's kein Frühstück, andererseits schätze ich die zündenden Reden unseres Kaplans in Mainz-Weisenau. Ich weiß, daß er mich auf meinem festen Platz linksaußen wiedererkennt. Ihm beichte ich auch, nicht alles.

Seine Strafen sind gnädig, meist ist die Sache mit drei Vaterunser erledigt. Manchmal berührt er meine Zunge, so nah ist sonst keiner. Wenn ich die umgewandelte Hostie schlucke, schlucke ich Gott, ich schlucke ihn runter und verdaue IHN.

Herr, ich bin nicht würdig, daß du eingehst unter mein Dach. Aber sprich nur ein Wort, so wird meine Seele gesund.

Wenn mein Kaplan mir Gott in den Mund gelegt hat, gehe ich zufrieden nach Hause, dem Weißbrotlaib mit Rosinen entgegen.

Er

»Ohne den Papst und deine Ungenauigkeiten gäbe es das ganze nicht. Die Kinder kamen einfach, eins nach dem anderen. Wir führten Religionskriege. Das fing am Samstag schon an, da kriegte ich Angst, daß es mit der Kirche losging. Bei jedem Buch, das ich in die Hand nahm, wurde nachgeschaut, ob es auf dem Index steht. Wir hatten völlig verschiedene Grundauffassungen von Erziehung. Das konnte nicht gut gehen, war eine Tragik der Zeit. Das wäre zwanzig, dreißig Jahre früher überhaupt keine Schwierigkeit gewesen, da gab es keine zwei Erziehungspole. Deine superchristliche Einstellung, die Rechnerei, wann wir denn durften und wann dann wo nicht. Dieses nächtelange Herumwälzen, ein jahrelanges Spannungsverhältnis. Diese Gefahrengemeinschaft.

Es war eine völlige Haltlosigkeit allerorts. Herausgelogen haben sie sich, gingen mir wie ein Aal aus den Händen. Die Kühlschrankraubereien, immer nur Delikatessen fressen, Grundnahrungsmittel wie Kartoffeln und Brot waren verpönt, nachts dann die größten Exzesse am Kühlschrank, gnadenlos wurde der leergefressen, sogar das Schloß aufgebrochen. Das sind die Maßlosigkeiten, das Maßlose an Kindern. Gegrüßt wurde nicht mehr richtig. Ich kam in ein totes Haus, das mir überhaupt nicht mehr gehörte. Faul waren sie alle, oberstinkfaul, auch er, dieser Bulle von Kerl.

Erst wurde ich aufgehetzt von dir. Du hast mich an die Front geschickt, daß ich das Machtwort spreche. Und dann, obwohl ich ordergemäß handelte, gab's diese Tabakskollegien in der Diele, wo ihr alle über mich zu Gericht gesessen seid. Diese Haßgemeinschaft gegen den Vater, wo Haß genährt und Haß geliebt wurde, diese Innenverschwörung. Ihr wart Partei gegen mich, alle. Gegen diesen Apparat, gegen diese Solidargemeinschaft war ich machtlos. Ich bin in eine Feindstellung hineingedrängt und letzten Endes auch von euch, von euch als Einheit, hinausgedrängt worden. Ich bin zwar lautstark und bin direkt, aber ich bin nicht so gnadenlos eiskalt. Ich bin nicht so vernichtend. Das ist doch bitter. Ja, das war Endstadium.

Mein Vater war ein strenger Vater. »Geh schon mal in den Keller. Ich eß erst mein Essen zuende, und dann kriegst du mit dem Riemen obenan.« Da wurden die Fenster dicht gemacht. Das bin ich gewohnt. Das ist mein Kapital. Ich mußte doch an meine eigene heile Welt glauben.

Und eins, ich meine, heute können wir darüber reden, ja? Eins hast du nie gekonnt, ein vernünftiges Kotelett machen, richtig nett, wie ich das gern esse, so ein bißchen vernünftig gewürzt. Mit deinem Kotelett, das hat nie geklappt.«

Sie

»Ich? Ich selber? Ich weiß nicht. Ich bin wahrscheinlich so'n Nichts. Ich bin überhaupt keine Persönlichkeit mehr, hab jegliches Profil verloren, bin wie ein Schwamm, mal so und mal so, ein Wackelpudding. Ich habe keinen Kern, der zur Aussage drängt. Ich habe keine eigene Vorstellung, und wenn ich sie doch mal habe, setze ich sie nicht durch. Ich entziehe mich lieber, trete abseits, ohne daß ich das merke. Ich laß das nicht alles an mich ran, vergesse auch viel. Wenn's ganz schlimm ist, geh ich schlafen.

Mein Tun und Streben war es all die Jahre auszugleichen. Diese eisige Kälte zu durchbrechen, indem ich irgend etwas Belangloses auf den Tisch setzte als Gesprächsthema. Früher wurde noch gebetet vor dem Essen, das Gebet hab meistens ich gesprochen.

Ich brauch gar nicht so viel, bin halt nicht so farbig, keine kraftvolle Persönlichkeit. Ich lauf in 'ner schmalen Spur und hab schon Möglichkeiten, mich zu erfreuen. Ich möchte 'ne schöne heile Welt, nicht diesen Misthaufen, der wir sind. Wo man reinsticht, stinkt's. Raus kommt man nicht. Wir sind eine anstrengende Familie.

Zu meinen Koteletts stehe ich heute.«

Wir

Wir sind falsch in Mainz. Die Menschen sprechen eine abscheulich breit-brabbelnde Sprache, streuen überall grinsend ihr giftiges Gell aus und können keine Distanz halten. Sie gehen, so wie ihre Stadt mit den klobigen roten Sandsteinbauten, in die Breite und wollen es nicht anders. Alles Bewegliche wird gemütlich plattgewalzt, mit bischöflichem Weihrauch vernebelt, von Glockengebimmel übertönt. Im goldenen Määnz fließt der Rhein lahm und fett wie Fleischsoße, der Wein fließt immer und ist meist lieblich. Schön ist es auf der Eisenbahnbrücke, auf der Autobahn ums Frankfurter Kreuz und da, wo die großen Frachtschiffe unbeeindruckt vorüberziehen.

Ich hasse diese Stadt. Ich hasse meinen Körper in dieser Stadt. Ich fürchte und ich hasse meinen Vater. Ich verachte meine Mutter. Die große Schwester hat sich aus dem Staub gemacht. Der Bruder rudert sich auf dem Rhein das Hirn frei und die Wut weg. Die Kleine spielt »Heile heile Segen, heile heile Butterspeck, morgen ist alles wieder weg«.

Ich schlafe, schweige, faste und lese. Bei 37 Kilo erschrecke ich und stoppe das Fastenprogramm, bevor es mir entgleitet. Die Fastenzeit zwischen Aschermittwoch und Ostern, früher ein unangenehmes, langwieriges Muß, fiele mir jetzt so leicht. Das Sprechverbot bei Tisch, schaut, wie gut ich es kann. Ich kann es immer. Ich widerstehe allen Versuchungen, denn es sind keine mehr.

Die Nonnen haben mich mehr gelehrt, als sie wollten. Ich suche den Geist, der sich dahinter verbirgt. Den Grund für das Verschwinden von Mitschülerinnen, für die Tränen der jungen Chemie-Nonne, für die Pistole im Nachttisch des Vaters und die Pornos in seiner großen Kreissäge.

Warum liegt Mutti vor ihm auf den Knien und steckt seine Hosenbeine um, wo er doch fremdgeht? Wozu braucht sie Bikini-Fotos, wenn das Heiratsinstitut seriös ist, und wozu ein Heiratsinstitut, wenn sie sich nicht scheiden lassen will? Wieso handelt sie ständig gegen meinen Rat?

Ich trotze dem Widersacher, lasse ihn auflaufen, wahre den Überblick und kühle seinen Zorn. Ich baue die Mutter auf, Klotz auf Klotz wie ein Legomännchen, nach jedem Fehlschlag neu. Aber sie hält nicht. Ich weiß, daß ich ihnen eine Stärke vorspiele, die nirgends fußt. Sie wollen mich so, und ich will Distanz. An die väterliche Hochspannung werde ich mich nicht hängen, auch nicht an ihre morschen Äste. Entschieden ist die Sache längst. Die große Schwester hat das Haus verlassen, als die Sache für sie verloren war.

Unser Schwarzbuch Papa war voll, seine bösesten Aussprüche notiert, mein bestes Stück lautete: »Für mich sind die Kinder doch tot.« Für Agonie bin ich zuständig. Kurz und schmerzlos hätt' ich's gern. Aber er zelebriert seinen Untergang wie ein Hochamt, während sie in einer Wiederholungsschleife aus Hoffen und Verzagen hängt.

Träume vom Blut

Ein alter Mann und seine Frau auf dem Land in einer sehr einfachen Stube. Es ist ein Theaterstück oder ein Film, der Mann wird dargestellt von einem bekannten Schauspieler (Ronald Reagan?). Es geht darum, inwieweit die beiden Alten sich noch achten, wer von ihnen das Sagen hat. Die alte Frau spricht leise und freundlich, sie ist ihm überlegen, dirigiert ihn. Der Sohn der beiden kommt in die Stube. Er hat kein Gesicht, existiert nur durch Worte und Bewegungen. Es wird ernst. Der Sohn achtet seinen Vater, er dankt ihm und fragt ihn etwas. Dann will er wissen, was unter dem Toupé des Vaters ist. Er packt ihn bei den Haaren, dem Toupé. Die Frage: »Was ist unter dem Toupé?« hat zur Folge, daß er den Alten, seinen Vater, von Kopf bis Fuß zweiteilt. Er zerschneidet ihn mit der Handkante wie ein Brötchen.
In meinem Traum ist ein Filmriß. Ich sehe nur noch das Blut auf die weiße Wand spritzen, sehe die Wand sich völlig röten, höre die beiden kämpfen. Die Alte ist in Deckung gegangen. Es ist nicht auszumachen, auf welcher Seite sie steht.

Familientreffen in Essen-Werden bei den Großeltern. Sonntagsspaziergang, Tante Nanny mit Kinderwagen, wir ziehen den Pustenberg hinauf, sehr friedlich. Auf der Höhe von Milchmann Tuchts Haus gehe ich vom Bürgersteig auf die Straße, schaue den Berg hinunter. Spaziergänger kommen uns von unten entgegen, bemerken aber nicht, was geschieht. Wie aus einem Quell sprudelt mein ganzes Blut aus der offenen Kehle heraus und fließt hinunter. Ich weiß, daß ich sterbe, und will noch um Hilfe bitten. Lautlos läuft mein Leben aus. Das Bild verschwimmt.

In der Schule suche ich Verständigung. Mein Schweigen in all seinen Varianten ist als Botschaft gedacht, die Kritzeleien, auch die Spiegelschrift. Ich trage Trauer. Ich erwarte aufrichtiges Mitleid und praktische Hilfe. Es

Sommer 1975

gibt ratlose Blicke und halbherzige Angebote. Ich ziehe in die Schule, wohne neben Nonnen in uraltem Gemäuer, schaue auf den efeuberankten oberen Schulhof und gehe nicht mehr zum Unterricht. Die Rektorin bringt mir Malzbier zum Einschlafen und tauscht Marie-Luise Kaschnitz gegen Thomas Bernhard. Beide reichen wir uns ungelesen zurück.

1975, gegen Ende der zwölften Klasse, besprechen wir im Deutschunterricht »Die Macht der Gewohnheit«, eine aktuelle Komödie von Thomas Bernhard, für mich ein Verständigungstext, ein Abbild des häuslichen Wahnsinns, den er auf unseren Saiten zum Klingen bringt:

Durch diese Tür
kommen Ihre Opfer herein
Herr Caribaldi
Ihre Instrumente
Herr Caribaldi
Nicht Menschen
Instrumente

Präzision
Konsequenz
diese zwei
Ihre Begriffe
Aber natürlich leiden Sie auch
und zwar in der Ihnen eigenen
größenwahnsinnigen Vorgangsweise
an Ihrer eigenen Rücksichtslosigkeit

Kein größeres Vergnügen
als mit dem Quintett
den Schmerz besiegen

Verfolgung der Idee
Krankheiten
durch Krankheiten zu kurieren

Herr Remscheid, der Musiklehrer, kam zu uns nach Hause in Wuppertal. Er schaute sich meine Hände an und sagte, ich solle Geige lernen, meine Finger seien lang. Jede Woche ging ich zu Herrn Remscheid, dessen Hände fleischig waren und von braunen Altersflecken übersät. Er schlug sich ein rohes Ei in den Kaffee. Ich haßte meine Geige. Weihnachten traten wir zu dritt an: Klavier, Geige, Blockflöte.

Und allein kann ich das Quintett
nicht spielen
Es ist ein Quintett

Die Wahrheit ist
ich liebe das Cello nicht
Mir ist es eine Qual
aber es muß gespielt werden
meine Enkelin liebt die Viola nicht
aber sie muß gespelt werden
der Spaßmacher liebt die Baßgeige nicht
aber sie muß gespielt werden
der Dompteur liebt das Klavier nicht
aber es muß gespielt werden
Und Sie lieben ja auch die Violine nicht
Wir wollen das Leben nicht
aber es muß gelebt werden

Gemeinschaftlicher Wahnsinn
Herr Caribaldi

Ich besuche eine Therapeutin in der Wiesbadener Altstadt. Sie ist freundlich und wirkt stabil. Sie sagt, es werden harte Stunden. Das überzeugt mich. Aber als ich erfahre, daß ich einen Psychiater aufsuchen muß, der sie mir verschreibt, bocke ich. Ich bin doch nicht verrückt. Später schleppt Mutti mich doch zu einer Psychiaterin. Von Therapie ist nicht mehr die Rede. Ich soll weg. Zur Kur.

Allgäu – Kur mit Folgen

Diese halbe Landschaft, nicht hoch und nicht flach, satt, breit, volkstümelnd, gleicht in allem, was ich hasse, Mainz.

Jugendkur im Allgäu, das heißt, vierzig Mädchen im jugendlichen Alter stehen barfuß und in Unterwäsche auf dem Flur Schlange und werden nacheinander vom Dorfarzt ins Visier genommen. Wir taxieren einander beschämt und warten auf die Fleischbeschau. Ist dieser behäbige alte Herr auch der Tierarzt? Liegt es an der Klassenreise nach München und Dachau im vergangenen Frühjahr und der Lektüre der »Ermittlung« (Peter Weiss), daß mir der völlig unpassende Gedanke an die Rampe kommt? Nach was werden wir sortiert? Auch später, beim Zwangsbesuch der Sauna, wann lassen sie uns wieder raus? Völkerball, wir schießen aufeinander. Nachtruhe, um 22 Uhr geht im Schlafsaal das Licht aus. Was mache ich dort? Was habe ich mit den anderen zu tun? Sind sie zufrieden? Speisesaal, Gemeinschaftsraum, Gruppenaktivitäten in der Natur, wo kann ich sein?

Die Erzieherinnen sorgen für einen reibungslosen Ablauf und für Beschäftigung, trösten bei Heimweh. Das fehlte mir noch. Sie reden nicht mit uns. Ich bin in der falschen Herde gelandet. Sie merken es nicht. Wenn der dichte Schweißdunst die Mädchen über, neben, vor und hinter mir endlich eingeschläfert hat, angele ich aus dem Koffer unter meinem Bett Taschenlampe und Tagebuch und notiere meine düsteren Gedanken.

Als ein Mädchen aus der Sauna getragen werden muß, halbtot, wie mir scheint, und wir im nächsten Schwung trotz verzweifelter Proteste hineingeschubst werden, beschließe ich das Ende meiner Kur. Ich teile einer Betreuerin ruhig und höflich mit, daß mein Kurziel erreicht sei und ich am nächsten Tag die Heimreise antreten wolle. Sie versteht mich nicht. Ich sei doch ein nettes Mädchen, mache alles mit und komme zurecht mit den anderen. Ich sage immer noch ruhig, aber deutlich, daß ich es nicht mehr aushalte, daß das Kurprogramm mir mehr schade als nutze und mich nur noch tiefer in mein eigenes Loch stürze.

Sie will mich beschwichtigen und macht Anstalten, mich zu betatschen. Ich greife zum letzten Mittel und ziehe mein Tagebuch aus dem Koffer. Da stehe alles. Sie nimmt es und geht. Es wird eine lange Nacht für mich, weil ich nicht schreiben kann. Und für sie, weil sie noch in der Nacht ihre Chefin und den Hausarzt alarmiert. Sie nehmen meine mehr allgemeinen als persönlichen Gedanken zu Sinn und Unsinn dieses Lebens, meine eher theoretischen Erwägungen der Fluchtwege als bare Münze. Sie kennen meine Freunde Camus, Kafka und Bernhard nicht und nicht die Befreiung, die ein zu Papier gebrachter und zu Ende gedachter Gedanke bringt. Man muß ihn dann nicht mehr denken, nicht mehr so. Vielleicht hätte ich es mit dem Sport erklären können, wo man rennt und aus der Puste kommt - nicht um irgendwo anzukommen, sondern um zu spüren, wie schnell es sein könnte, und dann wieder zu gehen.

Die Erzieherin ruft die Chefin. Die Chefin informiert den Allgäuer Hausarzt. Der alarmiert die Psychiaterin in Mainz. Die reserviert einen Platz in der Mainzer Uni-Klinik für Psychotherapie und schickt die Mutter ins Allgäu, um die hochgefährdete Tochter dort abzuholen. Die Kurzfassung dieser Nacht lautet für mich am Frühstückstisch: »Deine Mutter holt dich heute ab.«

> Wenn mich jemand fragen sollte, wozu ich da bin, dann werde ich mich mit Hilfe eines Kafka-Zitats aus der Verlegenheit zu retten suchen: »Kinder sind zur Rettung der Eltern da. Theoretisch verstehe ich gar nicht, wie es Menschen ohne Kinder geben kann.«
> Und ich werde hinzufügen, daß ich zeitlebens meinen Eltern Kind sein werde, denn ich trage die Verantwortung, ich bin ihr Sinn. Und

wenn ich entdecken mußte, daß sie mich vielleicht zu ihrem Irrsinn oder umgekehrt ihren Irrsinn zu mir, ihrer Tochter, gemacht haben, so bin ich nicht weniger verantwortlich dafür, daß sie ihren Irrsinn noch lange in mir pflegen können.

Als ihre getreue Schülerin mache ich meinerseits sie zu meiner doppelten Sinnlosigkeit und bin ihnen zu sinnloser Dankbarkeit verpflichtet für die absolute Grenzenlosigkeit, welche sie in mir als ihrem Irrsinn freizusetzen wußten. Denn meine Eltern haben mich zu allem erzogen, weil sie immer und gleichzeitig in alle Richtungen zogen mit einer Kraft und einer Konsequenz, die allen Grenzen spotteten. Und diese Konsequenz steht nur scheinbar in Widerspruch zu der größeren und alles umfassenden Inkonsequenz.

Anstalten

Uni-Klinik Mainz – das komplette Programm

Die teils modernen, teils ehrwürdig alten Gebäude des Klinikums der Johannes-Gutenberg-Universität breiten sich hoch über der Mainzer Altstadt aus – mit guter Busanbindung zu unserer Bungalowsiedlung. Jahrelang bin ich mit meinem Bruder zur Zahn-Mund-Kiefer-Klinik gefahren, wo Studenten sich im Zähneziehen und Kieferregulieren übten. Wir nahmen denselben Bus, saßen aber weit auseinander. Dann gingen wir ein Stück nebeneinander über die Kreuzung zum Klinikeingang, um uns im Wartezimmer wieder wie Unbekannte zu behandeln. Die Zahnspange im Mund, die immer klemmte und muffelte, war ebenso ärgerlich wie peinlich. Die Situation gebot Schweigen.

Im Altbau der Uni-Klinik brachte mir eine Logopädin in wenigen Sitzungen bei, ohne Lispeln »Susi schlägt süße Sahne« zu sagen. In der Sehschule übte ich, mein abdriftendes Auge zur Räson zu bringen, indem ich den Löwen vor dem linken Auge durch Drehen der Okulare in den Käfig vor dem rechten Auge schob.

Ein anderes Gebäude, die Notaufnahme, lernte ich nachts kennen, als ich mit Papa meine torkelnde und brabbelnde Mutter zum Magenauspumpen schleifte. Es war ein wenig anheimelnder Flachbau, Endziel der rasenden Krankenwagen, von allen Seiten gut befahrbar. Während Papa und ich warteten und er mir sein ganzes Ehedrama ins Ohr bellte, saß die nicht mit Auspumpen beschäftigte Belegschaft am Tisch im Flur und aß Stullen, akustisch begleitet von Kotz- und Würgelauten. Irgendwie erinnerte mich das an meine Klassenkameradinnen, die nach dem Besuch in Dachau an der Bushaltestelle in die Wurstbrote bissen. Als Mutti leer war und Besserung gelobt hatte, nahmen wir sie wieder mit und fuhren nach Hause.

Klinik für Psychotherapie

Am 3.12.75 schreibt Professor Dr. D. Langen, der Direktor, an die einweisende Psychiaterin:

Besten Dank für die Überweisung...
Vorläufige Diagnose: krisenhafte Pubertätsentwicklung (ICD: 301.8).
Beginn der Symptomatik seit etwa 2 Jahren. Nachlassen der Schulleistung seit einem Jahr. Seit 4 Wochen kein Schulbesuch mehr. Versetzung in die Oberprima mit der Durchschnittsnote 2,5.
Subjektive Beschwerden: Nachlassen der Energie, Unfähigkeit zu denken, wenn geistige Forderungen erhoben werden.
Bei der ambulanten Untersuchung gut zugewandt, auch einem aufgelockerten Gespräch gut folgend, durchaus wendig.
Wegen der Dringlichkeit wollen wir Ihrem Wunsch nachkommen und die Patientin nach Möglichkeit gleich zur stationären Behandlung aufnehmen.
Mit herzlichen Grüßen

Vier Wochen später geht an die gleiche Adresse ein zweites Schreiben von Prof. Dr. D. Langen, nachrichtlich auch an Prof. Dr. U. H. Peters, den Direktor der Neuropsychiatrie:

Besten Dank für die Überweisung Ihrer Patientin, die wir hier vom 4.12.-19.12. stationär behandelt haben.
Abschließende Diagnose: Verdacht auf progrediente psychiatrische Auffälligkeiten, die über das Ausmaß einer Pubertätskrise hinausgehen (ICD: 295.7).
... Bei der Behandung haben wir zunächst versucht, durch unterschwellige Insulingaben eine gewisse Auflockerung zu erzeugen. Das gelang bei den allerersten Injektionen von Insulin auch leidlich befriedigend. Dann aber verstärkte sich die negativistische Haltung der Patientin so stark, daß sie eines Morgens sich weigerte, das Frühstück nach dem Insulin zu sich zu nehmen, obwohl sie gar nicht schwer benommen war. Als sich diese ablehnende Haltung in den nächsten Tagen noch

weiter steigerte und da die Mitpatientin über die Weihnachtstage beurlaubt wurde, so daß sie dann alleine hätte im Zimmer liegen müssen, schien uns dies doch zu riskant, zumal auch sonst noch gewisse suicidal wirkende Impulse unverkennbar waren. Aus diesem Grunde haben wir dann die Patientin in die Neuro-Psychiatrische Klinik verlegt. Wir wären gerne bereit gewesen, sie nach den Weihnachts- bzw. Neujahrsfeiertagen wieder zu uns zurückzunehmen. Die Neuro-Psychiatrische Klinik hat aber bisher sich diesbezüglich noch nicht gemeldet, so daß ich den Eindruck habe, daß sie wohl in der dortigen Klinik besser aufgehoben ist.
Mit herzlichen Grüßen

Die Psychotherapie liegt im fünfzehnten Stock. Meine Bettnachbarin, eine Frau in mittleren Jahren mit Mann und Kind, deren Fotos konfisziert wurden, interessiert sich für Suizid. Die Aussicht aus dem Panoramafenster ist verlockend, das Fenster aber verschlossen. Wir sind uns einig, daß das Wegnehmen von Bildern nur innere Bilder heraufbeschwört und auch mein Tagebuch im Arztzimmer des jungen, braungebrannten Stationspsychiaters am falschen Ort ist.

Der kleine, vertrocknete Professor, eine Kapazität in Hypnose, schleicht mir nach bis in die Telefonzelle vor dem Haus und verbietet mir das Telefonieren. Kontaktsperre, Ausgang nur auf dem Gelände. »Morbus können wir wohl ausschließen«, lautet sein Urteil beim Aufnahmegespräch. Er macht dumme Scherze und nimmt meine Nase in den Schwitzkasten von Zeige- und Mittelfinger. Ich verachte ihn. Fünf Jahre später entdecke ich seine Todesanzeige in der Mainzer Allgemeinen Zeitung und schneide sie aus: »Wir verlieren in ihm einen Chef, der sich stets mit menschlicher Wärme aller Probleme seiner Mitarbeiter annahm.«

Der coole Stationspsychiater, Tennistyp, ist arrogant und unsympathisch. Ich zwinge ihm mein Tagebuch ab und halte mich ansonsten bedeckt. Sie spritzen mir täglich Insulin und legen damit eine verhängnisvolle Fährte. Sie legen mir enge Zügel an und wollen mich gleichzeitig mit Insulin auflockern. Den Gefallen tue ich ihnen nicht. Einmal schlucke ich nach dem Insulin die Schlaftablette vom Vorabend und sage, sie sollen mich in Ruhe lassen. Ich will schlafen, nicht frühstücken. Ist die Schlaftablette zum falschen Zeitpunkt mein »gewisser suicidal wirkender Impuls«? Und ist das ausgelassene Frühstück die »Nahrungsverweigerung«, die später in Prof. Peters' Arztbrief steht? Ich werde verlegt. Ein Pfleger kommt und packt meine Sachen in einen Rollstuhl. Neben ihm her gehe ich in die Psychiatrie.

Geschlossene Frauenstation Mainz

Internierungsschock. Traumatisches Erlebnis eines psychisch Kranken durch die Aufnahme in ein psychiatrisches Krankenhaus. Wurde früher teilweise für unvermeidbar gehalten. Die moderne Psychiatrie versucht ihn zu vermeiden oder zu umgehen durch freundlich-unbürokratischen Empfang, Respektierung der Intimsphäre und Vermeidung einer entrechtenden Unterbringung in geschlossenen Sälen. (Peters)

Das Aufnahmeblatt vom 20. Dezember 1975 füllt der Diensthabende alleine aus, viele Felder bleiben frei: Schülerin, familienversichert, Pflegeklasse IIIb, Neuro-Psychiatrie, Station 28IA, Uhrzeit: 12 Uhr.

Ich erwache gleich links neben der Tür in einem Schlafsaal mit sechzehn Betten. Alte, dicke Frauen in Nachthemd oder Unterwäsche umschleichen mein Bett. Ein Jammern und Brabbeln hängt in der dicken Luft. Häßliche feindliche Monster schlurfen auf und ab und glotzen. Eines zupft an mir, ein anderes wühlt in meinen Sachen. Wenn der Saal die Vorhölle ist, dann ist der Duschraum die Hölle. Nackt stehen sie da, weiß, wabbelig und ungelenk vor gelblich-verkalkten Kacheln. Ich bin verloren.

Psychiatrie war in meiner von Filmen und Vorurteilen genährten Vorstellung eine Art Gefängnis für Volljährige in gestreiften Schlafanzügen, die ohne Verstand sind und deshalb rund um die Uhr und ihr Leben lang bewacht und versorgt werden müssen. Aber es waren lebendige Menschen, albern feixend oder unberechenbar wütend, würdevoll verstummt oder in endloser Redeschleife, jung und alt, dick oder dünn. Es waren nicht diese gespenstischen wächsernen, schweren Roboter-Maden, die sich – nicht weniger bedrohlich als damals in Wuppertal in der

Tierhochzeitsnacht - vor meinem Bett versammeln, abwartend, dumpf auf der Lauer.

Ist es die kafkasche »Verwandlung«? Ausführlich hatten wir die Erzählung im Deutschunterricht besprochen, sie war mir vertraut und eklig zugleich.

Als Gregor Samsa eines Morgens aus unruhigen Träumen erwachte, fand er sich in seinem Bett zu einem ungeheueren Ungeziefer verwandelt.

Sehen sie mich schon zum fetten, schleimigen Wurm hinüberwechseln? Warum gibt es hier nirgends einen Spiegel? Aus Mitgefühl?

Ich bin schwer verwundert. Bin ich nicht eben noch - oder wann war das eigentlich - draußen gewesen und habe mit dem jungen Mann geplaudert? Sollte er mich nicht an einen Ort bringen, wo man über die Weihnachtstage mehr Zeit für mich hat? Warum hat er mich in der Hölle abgeladen? Wie kann ich denen draußen Bescheid geben?

Dieses Gefühl wird mich noch über Jahre im Wachen und im Schlaf begleiten: Ich sterbe mitten unter Menschen, und keiner merkt etwas. Ich gebärde mich wie wild, aber man sieht mich nicht. Ich schreie wie am Spieß, keiner hört mich.

Jetzt will ich mich verkriechen, vergessen, verschwinden in der Wand. Ich will noch einmal neu und woanders wach werden.

Wie wäre es, wenn ich noch ein wenig weiterschliefe und alle Narrheiten vergäße,

denkt auch Gregor Samsa im neuen Käferkörper zunächst.

Als er dies alles in größter Eile überlegte (...), klopfte es vorsichtig an die Türe am Kopfende seines Bettes. »Gregor«, rief es – es war die Mutter (...). An der anderen Seitentür aber klagte leise die Schwester: »Gregor? Ist dir nicht wohl? Brauchst du etwas?« Nach beiden Seiten hin antwortete Gregor: »Bin schon fertig« und bemühte sich, durch die sorgfältige Aussprache und durch Einschaltung von langen Pausen zwischen den einzelnen Worten seiner Stimme alles Auffallende zu nehmen.

Meine Mutter und meine Schwester kommen mich besuchen und erschrecken. Schnell wird geklärt, daß ich Pflegeklasse 2a bin, denn mein Vater rechnet als Beamter privat ab, über die Krankenkasse und die Beihilfe. Er hat auf diese Art schon Geld verdient, im Bett liegend. Liegt die große Intensität der noch folgenden Behandlung an meinem Status als Privatpatientin? Mein Vater gibt am Tag der Einlieferung ein Schreiben zu den Akten, das mir die besondere Aufmerksamkeit von Prof. Peters sichern wird:

»Ich wünsche für mein Kind Kerstin die private persönliche Beratung und Behandlung durch Herrn Professor Dr. U. H. Peters. Für den Fall seiner Verhinderung durch Ortsabwesenheit, Urlaub, Krankheit oder unvorhersehbare Umstände bin ich mit der Vertretung durch einen anderen Arzt einverstanden. Wenn zur Klärung der Diagnose oder zur Behandlung weitere Fachärzte zugezogen werden sollen, wünsche ich auch hierbei private persönliche Beratung und Betreuung.«

Ich wechsle in die benachbarte Einzelzelle, einen sehr kleinen Raum ohne Ecken mit einem vergitterten Fenster weit oben und einer ebenfalls vergitterten Deckenlampe. Die Wände sind im vertrauten Gelbgrün und waschbar. Neben mein Metallbett paßt ein Stuhl, der Schrank ist im Flur und nicht zu verschließen.

Prof. Peters, groß, stattlich, grau meliert und milde lächelnd, kommt mit seinem weißen Gefolge. Er setzt sich auf den einzigen Stuhl. Ich sitze auf der Bettkante und frage ihn, weshalb ich in der Psychiatrie sei. Er antwortet: »Sie wissen es ja selbst. Sie sind schizophren.« Er muß mir nichts erklären, ich bin ja im Bilde. Tatsächlich begreife ich überhaupt nicht, was gespielt wird, vermute nur, daß mein Tagebuch wieder in falsche Hände geraten ist.

Am ersten Tag schlucke ich ein Neuroleptikum, ein Antidepressivum, ein Antiparkinson- und ein Kreislaufmittel, am nächsten Tag kommt ein weiteres Neuroleptikum dazu, am dritten noch ein Barbiturat und ein Tranquilizer. An Heiligabend beginnen zusätzlich zu Neuroleptika, Antidepressivum, Barbiturat, Tranquilizer, Antiparkinson- und Kreislaufmittel die täglichen Insulin-Injektionen.

Ich weiß nicht, was ich da alles schlucke, und ich habe keine Ahnung, daß die täglich steigende Insulinmenge die »Anlaufphase« ist, ein »vorsichtiges Ertasten der individuellen Insulindosis«, um die zweite Phase, die »Schockphase«, zu erreichen. Jahre später lese ich es nach im psychiatrischen Wörterbuch, das Peters 1971 herausbrachte. Passagen, die auch in der Auflage von 1997 unverändert sind:

Insulinkomabehandlung. ...Tägliches Herbeiführen eines Komas mit gleichbleibender Dosis. (...) Das Koma wird nach 5 - 10 Minuten durch Traubenzuckergaben (intravenös oder mittels Magensonde) oder durch Glucagon-Gaben (i.v., i.m. oder s.c) beendet. Zu einer Kur gehören 30 - 40 Vollkomata. Das Koma kann noch mit einer elektrischen Hirndurchflutung kombiniert werden. - Die Insulinkomabehandlung ist nicht ohne Risiko (Mortalität bis zu 5%) und kann daher nur in Fachkliniken mit geschultem Personal durchgeführt werden. Eine während der Kur eintretende, oft erhebliche Gewichtszunahme ist dagegen ohne besondere Bedeutung (Kohlehydratmast-Fettsucht), da das Gewicht nach der Beendigung der Kur alsbald wieder abfällt. - Wichtigste Indikation: jugendliche Schizophrenie, besonders in ihren weniger akuten Formen. Daneben auch alle anderen Schizophrenieformen. (Peters)

Ich bin also schizophren, liege auf meinem Bett, wage mich kaum aus dem Zimmer wegen der anderen, die für mich aber langsam das Monströse verlieren und unterscheidbar werden. Das Essen und die Tabletten bringen die Schwestern ins Zimmer. Frühmorgens putzt eine türkische Frau um mein Bett herum, was mir peinlich ist, ich bin doch nicht bettlägerig, auch wenn ich immer dort liege.

Es ist Weihnachtszeit, und ich bekomme viel Besuch. Die Psychopharmaka wirken, erstmalig eingenommen, schnell und massiv. Ich befinde mich in einer Art Dauer-Dämmerzustand, meine Bewegungen sind verlangsamt, mein Denken ist eingesperrt in einem schweren, fremd werdenden Körper in einer grünen Zelle auf einer geschlossenen Abteilung. Aber das ist erst der Anfang.

Ich nehme die Rektorin, die Nonnen, die Mitschülerin, den Religionslehrer genau wahr, plaudere ein bißchen. Was soll ich sagen? Ich kann ihnen nichts anbieten und habe nur einen Stuhl. Auf dem Gang schlurft eine wenig einladende Karawane auf und ab. Die Krankenschwestern sind meist ältere Frauen zwischen Abgebrühtheit und Behäbigkeit und vertun sich leicht im Ton. Aus dem Fenster können wir nicht schauen. Dazu müßten wir auf den einen Stuhl steigen. Soll ich ihnen sagen: »Ich bin schizophren, aber es wird schon besser«? Ihre Geschenke belasten mich. Wo kann ich sie hinstellen? Es gibt keinen Ort. Alle meine Weihnachtsbesucher werde ich später nie wieder sehen. Sie haben Abschied genommen.

Ein Freund von Peters, Germanistikprofessor Kudszus, der im Rahmen einer Gastprofessur in Mainz ist, arbeitet an seinem Buch »Literatur und Schizophrenie«. Dieses Buch wird mir im Herbst '78 beim Kongreß der Deutschen Gesellschaft für Sozialpsychiatrie in Bremen in die Hände fallen, wo wir, einige Häcklinger InsassInnen, im VW-Bus hingefahren werden. Noch ist es nicht geschrieben. Kudszus sammelt Material und will mit mir sprechen. Ich bin froh über jede Abwechslung, besonders über Gespräche, und folge ihm nach dem zermürbenden Schlüsselritual von Tür zu Tür in ein geräumiges Büro. Auch er kennt mein Tagebuch. Ich habe auf ein Gespräch über Literatur gehofft, vielleicht auch über deren Gefahren für mich, über Fiktion und die Relativität von Wahrheit, über literarische Wahlverwandtschaften, das Sagbare und das Unzureichende der Worte. Von mir aus auch, wenn er es denn schon kennt, über mein Tagebuch und die Kluft zwischen Denken und Sein, Anspruch und Wirklichkeit, die daraus hervorschreit. Prof. Kudszus, ein gutaussehender, gebildeter und höflicher Mann, mit mir in einem schönen Zimmer, kein Zeitdruck, welch eine Chance. Aber er nimmt meine Aufzeichnungen allzu wörtlich. Konkretistisches Denken? Ihn interessiert nur die Schizophrene. Ich muß passen. Wir haben uns nichts zu sagen, leider.

Danebenreden. Bei Schizophrenie oder Hysterie vorkommendes falsches Beantworten von Fragen. Es wird auf eine Frage nicht so geantwortet oder ein Thema nicht derart aufgegriffen und weiterverfolgt, wie es unter dem Horizont eines gemeinsamen Meinens zu erwarten wäre. Auf eine Frage erfolgt nicht eine der Gesamtheit des Gesagten und den sprachlichen Umfeldern völlig fremde Antwort, sondern ein Reden, das zwar mit der Rede des (normalen) Gesprächspartners zu tun hat, jedoch in einer anderen als der erwarteten Weise. (Peters)

Am 5. Januar 1976 fliehe ich mit meiner Mutter aus der Anstalt. Meine Mutter, die sich bisher von den Drohungen der Stationsärztin hat abschrecken lassen, trägt unter ihrem Cape meine Sachen und nimmt mich im Rahmen der Ausgangsregelung mit nach Hause.

Ich bin zuhause. Ich bin untätig und leer, im Spiegel blickt mich eine andere an. Sie ist kalt und weit weg. Mein altes Leben liegt nur sechs Wochen zurück, so lange wie die großen Ferien dauern. Ferien in einer anderen Welt. Die Schule hat mich schon beerdigt, die Familie sich aufgelöst. Das Haus ist leer, bis die Mutter nervös von der Arbeit kommt. Sie schaut mich unauffällig prüfend an.

Ich weiß nicht, daß es zum großen Teil die sich nur langsam im Körper abbauenden Psychopharmaka sind, die mich so schwerfällig und trübe machen. Ich schaue mich an und schaue mich um und weiß jetzt, daß ich krank sein muß. Nichts geht mehr. Ich verlasse das Haus nicht, weil ich Angst vor dem Gerede habe. Man sieht es mir an. Einfach etwas tun, einfach nach draußen gehen, das gibt es von nun an nicht mehr. Ich spüre die Unsicherheit um mich her, selbst meiner Geschwister. Ich werde beargwöhnt und immer wieder getestet. Hinter allem vermute ich Absicht. Soll ich mich freuen über das Geschenk, zeigen, daß ich mich zu freuen verstehe? Muß ich jetzt nett und einfach nur freundlich sein, über Belangloses plaudern, zeigen, daß ich normal sein kann? Ist es besser, wenn ich in der Zeitung blättere und interessiert scheine am Weltgeschehen, oder soll ich wie selbstverständlich den Abwasch machen? Wie kann ich gucken, ohne ihr Mißtrauen zu wecken? Es gibt kein offenes Wort. Ich ertrage ihr Lächeln nicht. Ihre Blicke bitten mich um Erlaubnis, mich aufgeben zu dürfen. Ich bin eine dunkle Wolke, und sie wünschen, mich weiterziehen zu sehen.

»Weg muß es«, rief die Schwester, »das ist das einzige Mittel, Vater. Du mußt bloß den Gedanken loszuwerden suchen, daß es Gregor ist. Daß wir es so lange geglaubt haben, das ist ja unser eigentliches Unglück. Aber wie kann es denn Gregor sein? Wenn es Gregor wäre, er hätte längst eingesehen, daß ein Zusammenleben von Menschen mit einem solchen Tier nicht möglich ist, und wäre freiwillig fortgegangen.« (Kafka)

Wenn ich also krank bin, schizophren, und an einen anderen Ort soll, wo kann dieser liegen? Was brauche ich dort? Der einzige andere Ort für Schizophrene wie mich ist die Geschlossene von Peters.

Ich rufe ihn an und bitte um ein Gespräch. Am nächsten Morgen fahre ich mit dem Bus alleine zur Uni-Klinik. Mir ist wohler, ich habe ein Ziel. Prof. Peters hat einen separaten Eingang ohne Schlüsselklirren. Die Sekretärin bittet mich herein.

Peters empfängt mich und lädt mich ein in sein herrschaftliches Arbeitszimmer mit dick gepolsterten Türen. Er hilft mir aus meinem schäbigen Anorak, als sei es ein edler Pelz, und bietet mir einen Ledersessel an. Ich bin keine Bittstellerin, ich habe Forderungen: keine Einzelzelle, kein Schlafsaal, Gespräche, Beschäftigung, Zusammensein mit Gleichaltrigen. Er sichert mir dies alles freundlich und ohne jede Häme zu. Wir beschließen die Wiederaufnahme noch am selben Tag und verabschieden uns höflich voneinander.

Die nun folgenden vier Monate auf der Geschlossenen werde ich später nahezu vergessen haben. Ein Text, den ich Ende '79 schrieb, hilft beim Erinnern:

A. wurde stumm

Sie verließ die Schule. Ihre Briefe, denen durchweg die Konsonanten fehlten, hatten niemanden mehr erreicht. Es waren Briefe, die alles enthielten und einen wunderschönen Klang hatten und zu allem auch noch ihr tiefstes Gefühl von Unverstandensein auf den ersten Blick mitteilten. In dieser Sprache regierten die Klänge, und die blieben unter sich.

Wenn A. nach der Schule im Bus heimfuhr, schaltete sie plötzlich um auf ich und geriet ins Staunen, wie die Menschen ununterbrochen ihre Münder auf- und zuklappten oder beim Einsteigen kleine Blättchen in einen Kasten steckten, der dann kurz aufklickte. Genau das hatte sie vorher auch getan. Aber hatte sie umgeschaltet, begriff sie nichts mehr.

Einmal, auch wieder im Bus, wünschte sie sich einen größeren Abstand zwischen dem Körper und dem Kopf, der darauf saß. Sie kam

zu dem Ergebnis, daß dies die Sache des Halses sein müsse, und unternahm ganz reale Versuche, ihn Stück für Stück dem Himmel entgegenzuschrauben. Es waren Versuche, die schmerzten.
Dann entdeckte sie sich das Lachen. Sie lachte nur lautlos. Und weil es die erste wichtige Entdeckung war, lachte sie nie mehr vor anderen Leuten, damit man ihr Lachen nicht ablachen konnte.
Sie hatte eine Handvoll Sätze, die sie immer im Kopf hielt. Einer hieß: Lust am Leiden oder Freude an der Präzision der Rechtfertigung. Er definierte ihr Ziel. Ihr geheimes Credo umfaßte die Sätze:
Egoismus ohne Ego.
Die eigene Leere muß nicht geschützt werden. Ihr kann nichts mehr geschehen.
Ich gebe zu, ich bin verrückt. Ein Leben nur für dieses Wort. Wortlügenleben.
Lachen löscht. Alles.
Die Stadt, diese Menschen fallen mir auf den Kopf, und der Kopf fällt auf mich.
Irrsinn? Ja, ich glaube.
Das Ergebnis ihrer Gedanken war knapp und lautete: Haß ist eine Beziehung. Ich hasse niemanden, weil ich zu niemandem eine Beziehung habe. Ich hasse nur mich, weil ich den Mut noch nicht aufgebracht habe, die Beziehung zu mir zu löschen. Wenn dies geschehen ist, werde ich nur noch lachen, lautlos zwar, aber durchdringend, in die eigene Hohlheit hinein, um sie herum, aus ihr heraus, sie nie ruhen lassen, bis sie platzt, das Ende.
A.s Gedanken drehten endlose Kreise. Immer wiederkehrend waren das Schwarz und der Kreis. Sie liebte die schwarze Farbe, kleidete sich fast ausschließlich in Schwarz, auch bei größter Hitze. Sie haßte die Kreise, alles Runde. Am meisten haßte sie die eigenen Rundungen und hungerte gegen sie an, bis es Beulen in umgekehrter Richtung trieb und sie fürchtete, es nie zu einem ebenen Körper zu bringen.
Die Tage verliefen ewig gleich. Schule, Schlaf, Hausaufgaben, grübeln (wobei grübeln denken, Nichts-denken, lesen, schreiben oder Gesichter probieren heißen konnte), Schlaf. Eigentlich tat sie nie et-

was für die Schule. Und sie hatte selten das Gefühl, die Schule täte etwas für sie. Sie ging dorthin, zog in ihre Ecke, malte Fratzen in die Hefte oder lauschte, ob das uralte Klostergemäuer nicht doch gleich hinter dem Anstrich abzurieseln begänne, Mörtelkorn für Mörtelkorn. Mit einem anderen Ohr folgte sie dem Unterricht, um im Notfall, das heißt wenn sie angesprochen wurde, aufmerksam und angestrengt genug zurückzuschweigen. Sie achtete sehr darauf, wie ein Lehrer sie ansprach, wenn er sie ansprach, und ob die Frage rein sachbezogen oder sie auf irgendeine Art mit einbezogen war.

In ein Heft trug sie daheim gleich nach dem Abdunkeln des Zimmers in die jeweilige Sparte ein, wer sie, wenn überhaupt, wie angesprochen hatte, und besaß so ein Beweisstück für die Glaubwürdigkeit all ihrer Worte. Das Fach Wirtschaftskunde stand in der Statistik mit »jede zweite Stunde« an erster Stelle, während das Fach Deutsch mit »jede vierzehnte Stunde« abschloß. So konnte sie fast ausschließen, aus den konkretesten Anstrengungen des In-Nichts-Denkens aufgeschreckt zu werden, während die Wahrscheinlichkeit, beim Fratzenmalen oder Wirklich-nichts-mehr-Denken unterbrochen zu werden, am größten war, sie aber nicht schreckte.

Sie war enttäuscht, wie wenig die Lehrer von ihr wissen wollten. Die heimischen und die heimlichen Verrücktheiten machten sie müde, und sie verabschiedete sich von der Schule. Alle wünschten ihr alles Gute.

Sie kam in die erste Psychiatrische Klinik. Damals war ihr noch nicht klar, was sie in der an allen Ecken abgerundeten galliggrünen Einzelzelle sollte, deren Tür immer offenstand und in der bis auf ein Bett und einen Stuhl nichts weiter Platz fand. Durch ein vergittertes Fensterviereck ließ sich ein Draußen ahnen, zu dem es sie aber auch nicht zog.

Gleich am ersten Morgen bei der Visite stellten sich ihr zwei große weiße Kittel milde vor. Sie fragte, weshalb sie dort läge. Der eine Kittel, der größere, setzte sich auf den Stuhl vor ihrem Bett und sagte, da sie es ohnehin wisse, könne er es ihr ruhig sagen, sie sei schizophren. Es erleichterte sie, daß es ein Wort für sie gab und daß dieses eine Wort ausreichte für ihre ganze Person. Ungedacht nahm sie

sich vor, sich in ihm einzurichten und es sich in ihren Bildern behaglich zu machen. Der Kittel erhob sich, da sie nicht weiter nachfragte, gleich wieder vom Stuhl und verabschiedete sich gemeinsam mit dem anderen Kittel, mit welchem sie später Gespräche haben sollte. Die Ärzte schienen ihr phantasielos. Sie zeigten kein Interesse an den Bildern und ließen sie nicht zu ihren Wörtern kommen. Nur ein Literaturprofessor, der gerade an einem Buch Literatur und Schizophrenie schrieb, wollte mit ihr sprechen. Aber dann fragte er bloß, ob ihre Füße tatsächlich mit ihrem Kopf nichts zu schaffen hätten. Natürlich hat sie da lachen müssen und zugeben, daß Kopf und Füße schon durch so etwas wie Rumpf miteinander verbunden seien, was ihn enttäuschte und nicht weiter interessierte.
Nach einer Woche floh A., unterstützt von der Mutter, deren Cape weit genug war, die wenigen Utensilien ins Freie zu tragen. Wieder eine Woche später trat A. ihren Bettelgang in die Klinik an. Der große Kittel sprach mit ihr, sagte ihr auch Gespräche zu, ein anderes Zimmer und Beschäftigung. Sie lief unter Privatpatient und mußte nicht in den Saal. Das nächste halbe Jahr verbrachte sie auf der geschlossenen Frauenstation.
Später erinnerte sie sich an die ernsten Gesichter, wenn man sie zum E-Schock fuhr, an ihren Heißhunger auf Schokolade und an die Pickel, die zu der Zeit zu sprießen begannen. An die Furcht vor dem wöchentlichen Wiegen und an das Frühstück, das ihr immer nach den anderen serviert wurde, weil sie vorher Insulin gespritzt bekam und Reaktionen haben mußte, bis ihr der zuckersüße Zitronensaft mit der Schnabeltasse eingeflößt wurde. Eine Zeitlang hatte sie den Eindruck, in ihren Reaktionen auf das Insulin eine Besonderheit zu sein, denn die Ärzte staunten jeden Tag deutlicher, wieviel sie vertrug, ohne daß der plötzliche Stimmungswandel sich vollzog in ihr. Sie wunderten sich über die eigene Courage, mit der sie die Dosis von den ersten vier bis zu vierhundert Einheiten täglich steigerten, die sie dann monatelang beibehielten - der waren es Wochen? Die schönsten Augenblicke waren für A., Schokolade zu essen oder mit einer Zuckerspritze geweckt zu werden, wenn sie zu weit fortgerutscht war.

Sie war in einem Zwischenzustand, nicht mehr fort, noch nicht da. Und ohne die Augen geöffnet zu haben, spürte sie, daß eine Aufregung den Raum füllte. Sie hörte ihren Arzt von ganz nah sagen: »Sie ist noch unterwegs zu uns.« Dieser Satz war ihr der liebste in dem halben Jahr. A. fand es sehr beruhigend, daß der Arzt auch in ihrer Abwesenheit nicht abfällig sprach von ihr. Ihm zuliebe gab sie sich noch ein wenig Zeit mit dem Augenöffnen, um zu betonen, daß er recht habe und es wirklich eine weite Reise gewesen sei.

Sechzehn Jahre später, durch einen Diebstahl in den Besitz der Akten gekommen, erfahre ich, welche Unmengen an Psychopharmaka mir neben den Elektro- und Insulinschocks das Leben, das Denken und Erinnern austreiben sollten. In insgesamt 125 Tagen komme ich in den Genuß folgender exzessiver Psychopharmaka- und Schock-Therapien:

20.12.75 - 25.4.76	Handelsname	Gesamtdosis
Neuroleptika	Triperidol	1515 Tropfen
	Lyogen	240 mg
	Melleril	17025 mg
	Atosil	350 mg
	Leponex	75 mg
	Haldol	1540 Tropfen
	Neurocil	1650 mg
	Inofal	1 Ampulle
Antidepressiva	Sinquan	2600 mg
	Pertofran	1650 mg
	Pertofran-Infusion	825 mg
Tranquilizer	Valium	635 mg
	Tavor	305 mg
Barbiturate	Medomin	29 Tabletten
	Luminal 0,1	45 Tabletten

Schockbehandlung	Alt-Insulin i.m.	2764 Einheiten
	Alt-Insulin i.v.	4260 Einheiten
	E-Schock	6 x
Antiparkinsonmittel	Akineton retard	118 Tabletten
Kreislaufmittel	Effortil-Depot	36 Tbl.
	Ordinal retard	135 Dragees
	Dihydergot	5520 Tropfen

War ich vorher auf der Frauenstation links des Aufgangs, so liege ich jetzt rechts davon, 28IB. Ein Gang, bettbreit, auf der linken Seite ein kleiner Aufenthaltsraum, den an Schocktagen die Pritsche, der Elektroschockapparat, ein Anästhesist, der ausführende Psychiater und eine Schwester besetzen. Dann ca. vier Zimmer mit einem, zwei und drei Betten, am Ende des Ganges der kleine Fernseh-, Rauch- und Sitzraum. Auf der rechten Seite der Saal, das Schwesternzimmer, die Duschen und die Toiletten.

Wenn es läutet, läuft die Schwester aus dem Schwesternzimmer zum Flureingang, schließt auf, von außen wieder ab und dann erst die Haupttüre auf, die zu beiden Stationen führt. Wenn Dr. Schäfer, ein jüngerer, blasser, etwas verhuschter Psychiater mit dicker schwarzer Brille und einem unbeweglichen Gesicht, mich zum Gespräch holt, müssen wir mehrere Schleusen passieren. Er geht vor mir, schließt auf, ich trete durch und warte. Er schließt ab und geht wieder vor mir... Dieses mühsame und an jedem Stop aufs neue entwürdigende Ritual nimmt die Hälfte unserer Gesprächszeit ein. Es vollzieht sich absolut stumm.

Das Schlüsselrasseln – ich werde es in den folgenden Jahren noch hassen lernen. Und ich werde mich nie daran gewöhnen. Es muß gar nicht sein. Marlene wird ihren Vierkant am Busen tragen und bei Bedarf mit einem fast entschuldigenden Lächeln daraus hervorziehen. Jüngere Pfleger tragen gerne möglichst viele Schlüssel an einer starken Kette am Hosenbund und verstärken so jeden ihrer Schritte mit diesem Scheppern, das ihre Stellung markiert.

Schäfer klappert aus Ungeschicklichkeit. Er ist ein Niemand in der Hierarchie der Anstaltspsychiater. Sein Zimmerchen liegt ganz am Ende des Ärztetraktes und gleicht einer Besenkammer. Es ist voll mit Papier und Gerümpel. Da der Stuhl mit Akten belegt ist, hocke ich mich auf die Pritsche, schaue auf die Medikamentenlisten, die die Wand schmücken, und warte, bis er einen Platz gefunden, sich die Akte genommen, das Tonband eingestöpselt hat und zu fragen beginnt. Es ist eine absurde Szene. Da sitzt in einer dusteren Nische ohne Aussicht ein freudloser Uhu hinter Bergen von Papier, kämpft mit den Tücken der Tonbandtechnik, blickt immerzu gehetzt auf seine Armbanduhr und ermuntert mich mit müdem Blick und ausdrucksloser Stimme, die verbleibenden zehn Minuten doch bitte ganz offen und unzensiert von mir und meinem Innenleben zu sprechen. Ich schaue auf seinen Henkelmann, das rote Aufnahmelämpchen, die Uhr und habe so viel nicht zu sagen.

Wie oft mußte Schäfer auf- und zuschließen, um genug Material für seinen Abschlußbericht beisammen zu haben? Ich weiß es nicht mehr.

Klinikum der Johannes-Gutenberg-Universität
Neuro-Psychiatrische Klinik
Direktor: Prof. Dr. U. H. Peters

An die
Privat-Klinik
Dr. Binswanger
Kreuzlingen/Schweiz

Mainz, 6.5.76

Sehr geehrter Herr Kollege!

Besten Dank für die Übernahme unserer Pat. Frl. Kerstin Kempker, geb. am 17.2.58, wohnhaft in Mainz, die sich vom 20.12.75 bis 5.1.76 sowie vom 11.1.76 bis 2.5.76 in unserer stationären Behandlung befand.

Diagnose: Endogene Psychose aus dem schizophrenen Formenkreis

Zur Vorgeschichte ist zu sagen, daß die Pat. seit Sommer 75 zunehmend Schwierigkeiten hatte, in der Schule mitzukommen, da sie nach eigenen Angaben die hierzu nötige innere Kraft und Energie nicht habe aufbringen können. Vor allem habe sie nicht mehr richtig formulieren können, sie habe während einer

5-stündigen Klassenarbeit z.B. keinen einzigen Satz mehr zustande gebracht, da eine totale innere Leere in ihr gewesen sei. Es hätten ihr einfach die Worte gefehlt, die Gedanken, die sie nach wie vor gehabt habe, richtig auszudrücken. Die innere Kraftlosigkeit, die schon seit längerer Zeit besteht, hat sich auch anderweitig bemerkbar gemacht. So hat sie, wenn sie von der Schule kam, immer wieder das Bedürfnis verspürt, sich in ihr Zimmer zurückzuziehen, es abzudunkeln und sich schlafen zu legen. In der Klasse selbst sei sie ganz still, melde sich nicht im Unterricht und habe auch mit den Mitschülerinnen wenig Kontakt. Eine internistische Untersuchung im Herbst 75 hat keinen krankhaften Befund ergeben. Einige Wochen vor der hiesigen stationären Aufnahme ist die Pat. wegen ständiger Streitigkeiten der Eltern von zu Hause weg in ein Internat gezogen. Nachdem das Zustandsbild nach einer 2-wöchigen Kur sich nicht wesentlich gebessert hat, wurde sie auf Initiative der Mutter im Dezember 1975 in die hiesige Psychotherapeutische Klinik eingewiesen. Während der dortigen stationären Behandlung ist es ihr nach eigenen Angaben schlechter gegangen, sie habe dauernd über ihre Zukunft nachdenken müssen. Sie wurde dann am 20.12.75 in unsere Klinik verlegt, weil sie nach Angaben des behandelnden Arztes völlig unzugänglich gewesen ist, kaum etwas gesprochen hat und sich an den üblichen Gruppenveranstaltungen nie beteiligt hat. Als sie dann schließlich die Nahrung verweigerte, wurde sie in unsere Klinik verlegt.

Befund: 17-jährige Pat. in ausreichendem Allgemein-Ernährungs- und -Kräftezustand. Bei der internistischen sowie neurologischen Untersuchung ergibt sich außer einer zum Teil auch medikamentös bedingten allgemeinen Adynamie kein krankhafter Befund.

Psychisch war die Pat. bei der Aufnahme bewußtseinsklar, voll orientiert und machte geordnete Angaben. Während der Exploration war sie sehr zurückhaltend, affektiv völlig schwunglos und von einer gleichbleibenden uninteressiert apathischen Stimmungslage. Hierzu im Kontrast stand ein wohlgeordneter Denkverlauf, der sowohl zum Zeitpunkt der Aufnahme als auch während der gesamten stationären Behandlung keinerlei formale oder inhaltliche Störungen erkennen ließ.

Therapeutisch begannen wir neben der Gabe von 3 x 30 Tropfen Triperidol, welches nach 2 Wochen durch 3 mg Lyogen ret. pro die ersetzt wurde, mit einer Insulinkur, wobei exzessiv hohe Mengen bis zu 400 Einheiten Altinsulin intravenös verabreicht werden mußten, damit sich entsprechende vegetative Reaktionen zeigten. Hierdurch konnte jedoch nur vorübergehend eine gewisse Lockerung erreicht werden. Die Pat. war kurze Zeit danach wieder extrem antriebsverarmt, litt erheblich unter der inneren Gemütsleere und äußerte Selbstmordabsichten. Sie hat auch wiederholt versucht, sich mittels einer Glasscherbe die Handschlagader durchzuschneiden. Eine daraufhin erfolgte Elektrokrampfbehandlung in Form von 3 Konvulsionen an 3 aufeinander folgenden Tagen brachte leider auch nur eine vorübergehende Besserung. Immer wieder klagte die Pat. über ihre Antriebsarmut, daß sie nichts arbeiten könne, über ihre Hoffnungslosigkeit, daß sich dieser Zustand jemals werde beheben lassen, und daß sie sich deshalb innerlich gedrängt sehe, sich das Leben zu nehmen. Der Versuch, diese depressive Symptomatik mit Hilfe von Pertofraninfusionen unter entsprechendem Neuroleptikaschutz anzugehen, hatte ebenfalls nur kurzzeitig Erfolg. Die Pat. war zunächst aktiver und stimmungsmäßig ausgeglichener, geriet aber zusehends in einen subjektiv unerträglichen Spannungszustand, der zu einer solch bedrohlichen Steigerung der Suizidalität führte, daß wir diese Therapie wieder abbrechen mußten. Eine hierauf erfolgte nochmalige Elektrokrampfbehandlung in Form eines Dreierblocks brachte keine nennenswerte Besserung. Wir verabreichten daher neben 3 mg Lyogen ret. zusätzlich 3 x 20 Tropfen Haloperidol sowie 3 x 2,5 Tabl. Tavor. Hierdurch konnten die suizidalen Affekte einigermaßen unter Kontrolle gehalten werden. Die Pat. klagte jedoch weiterhin über eine quälende Antriebsschwäche und Gefühlsleere. Im familiären Hintergrund zeichneten sich mehr und mehr die Streitigkeiten zwischen den Eltern ab, unter welchen die Pat. offensichtlich stark litt, da sie nach einem Besuch zu Hause übers Wochenende jedesmal mit einer Verschlechterung der Symptomatik reagierte. Da die Pat. schon seit längerer Zeit immer wieder den Wunsch nach Verlegung äußerte, da wir ihr eine Beschäftigungstherapie in dem von ihr gewünschten und therapeutisch sicher auch notwendigen Ausmaße nicht anbieten konnten, haben wir schließlich ihrem Wunsche stattgegeben und sie in Ihre Klinik verlegt, zumal auch eine größere räumliche Entfernung vom Elternhaus zur Distanzierung von den diesbezüglichen Konflikten unumgänglich erscheint.

Mit freundlichen Grüßen

Prof. Peters erfüllt alle meine Bedingungen. Schäfer spricht mit mir, ich teile das Zimmer mit zwei noch nicht ganz alten Frauen. Die jüngere ist knochenmager und groß mit strähnigem braunem Haar und lauter, hektischer Stimme. Sie ist in Eile und fegt durch den Raum, wischt immerzu den Tisch, sich selber, den Boden, das Waschbecken, alles mit demselben Lappen. Die Hand gibt sie niemandem und mir das Gefühl, ein verstaubtes, bakterienbefallenes Stück überflüssige Materie zu sein, das sie am liebsten wegwischen würde. Die andere sitzt fast teilnahmslos auf dem Bett, spricht leiernd und tief und erschreckt mich immer, wenn sie abends die Perücke vom kahlen Kopf nimmt. Möglicherweise ist sie ein Mann. Wir teilen uns ein Waschbecken direkt neben der Zimmertüre. Wenn ich meine Zahnbürste nicht exakt ausrichte und in die mir zugestandene Ecke lege, vergreift sich die jüngere an meinen Sachen. Sie erträgt den Anblick der nicht von ihr geschaffenen Ordnung nicht. Wir führen Krieg, einen wortlosen Krieg. Sie spießt mich mit Blicken auf, während ich meine Katzenwäsche hinter mich bringe. Ich bringe sie mit kleinen Unachtsamkeiten zum Rotieren.

Als ich um ein anderes Zimmer bitte, leistet Peters meinem Wunsch ohne weiteres Folge, wie er das stets tut. Nur einen Wunsch versteht er falsch. Immer wieder sage ich bei der morgendlichen Kurzvisite auf seine Standardfrage, wie es mir gehe: »Es geht mir nicht besser, sondern schlechter.« Und immer wieder versteht er diese Antwort als Aufforderung, mir jetzt doch bitte noch andere und noch mehr Pillen, Tropfen, Spritzen und Stromstöße zu verabreichen, bis es mir endlich nicht mehr schlechter gehen kann. Er stellt nie eine zweite Frage, sondern schließt unverzüglich von meiner Antwort auf eine verschärfte Medikation, die er der Schwester zumurmelt fürs Krankenblatt.

Warum widerspreche ich nicht? Warum erkläre ich ihm nicht, daß Mehr es nicht besser, sondern schlimmer macht? Er ist immer so freundlich und lächelt so sanft, und er ist nie im Zweifel. Ich vertraue mich ihm an. Ich warte schafsgeduldig, bis der Meister irgendwann das passende Mittelchen für mich gefunden hat. Vielleicht muß er es erst erfinden? Ich bin ein schwerer Fall, und das ist doch nicht nichts. Die Heilung will unter größtem Aufwand mühsam errungen sein. Und daß meine Wünsche nach einer Gruppe und Beschäftigung dumm waren, hat Peters mir in kürzester Zeit bewiesen.

Einmal werde ich zur Beschäftigungstherapie begleitet, die unter dem Dach stattfindet. Zwei oder drei alte Frauen (für mich waren damals vermutlich schon alle ab fünfunddreißig alt) hocken über irgendwelche Fummeleien gebückt, Makramee oder Peddigrohr, in der Dachkammer, keine sagt ein Wort. Ich darf meine Erfahrung vertiefen, daß meine Finger keiner gezielten Bewegung mehr fähig sind, und bitte darum, wieder zurückgehen zu dürfen.

Auch ein Gruppengespräch mit ein paar jungen Leuten aus den Frauen- und den Männerabteilungen wird organisiert. Der Aufwand ist mir fast peinlich. Es scheint so etwas noch nie gegeben zu haben. Man muß improvisieren. Ein blutjunger Psychologe holt uns auf den Stationen ab und fährt uns im Aufzug in den Keller. Ist das auch der Aufzug für die

Toten? Er ist gut bettlang. Wir steigen über Matratzen und Bettgestelle und versammeln uns in einem unbeheizten, kargen Kellerraum mit schmalen Fensterschächten, Oberkante Erde. Wir sitzen auf unseren kühlen Plastikstühlen im Kreis, grinsen, scharren mit den Füßen, der Psychologe blickt aufmunternd und gequält in die Runde. Gemeinsam geben wir auf, steigen wieder über alte Betten und lassen uns von ihm über die Erde bringen und auf unseren Stationen abliefern.

Das schlimmste aber, und auch gar nicht in meinem Forderungskatalog vorgesehen, ist die Gymnastik, zu der ich eines Tages in den Keller gerufen werde. Auf dem Höhepunkt meines insulinbedingten Übergewichts (der massive Zuckerentzug durch hohe Insulindosen löst einen unbändigen Hunger auf Süßes aus, der sich gut mit Schokolade stillen läßt) schickt man mich, ein aufgedunsenes, häßliches, pickelbedecktes Monster, das sich nur langsam und unkoordiniert bewegt, dem der Speichel aus dem Mund läuft und dessen Finger zu unbeweglichen Würsten mutiert sind, in die Gymnastikgruppe. Ich kann mich nicht mehr an Einzelheiten erinnern, nur noch an das umfassende Gefühl der Schmach, schlimmster Erniedrigung, als habe man mich vor einem raumhohen Spiegel eingesperrt.

In der Akte nimmt sich die am 24.3.76 neben dem aktuellen Gewichtseintrag von 62 kg (einer Zunahme von 12 kg in drei Monaten) und nach drei Elektroschocks in der Vorwoche verordnete Krankengymastik als schlichtes Regulativ aus: Übergewicht, also Gymnastik. Daß ich mit über 7000 Einheiten Insulin zu einem unbeweglichen Fettkloß gemästet wurde, daß meine letzten Besucher schon lange erschrocken das Weite gesucht haben, daß ich selber meine Verzweiflung und meinen Ekel kaum noch im Griff habe und die Konfrontation in der Gruppengymnastik das Bitterste ist, das man mir noch antun kann, hat sicher niemand bedacht. Ich soll einfach abspecken und Sport treiben - unter Lyogen, Melleril, Tavor, Pertofran, Valium und Luminal. Unter diesem exzessiven Anti-Doping komme ich nicht mal mehr vom Boden hoch.

Und ein Weilchen lang lag er ruhig mit schwachem Atem, als erwarte er vielleicht von der völligen Stille die Wiederkehr der wirklichen und selbstverständlichen Verhältnisse. (Kafka)

Bis zu diesem Höhepunkt meines körperlichen Desasters wird mir an 40 Tagen Insulin gespritzt, morgens vor dem Frühstück; erst intramuskulär, dann intravenös. Wenn das Frühstück verteilt wird und ich leer ausgehe, weiß ich, daß die Spritze kommt. Ich muß liegen bleiben und »Reaktionen haben«. Im Idealfall rutsche ich dabei in ein Koma und produziere epileptische Krämpfe.

Insulinschock. Durch unphysiologisch hohe Gewebskonzentration an Insulin und eine dadurch hervorgerufene Senkung des Blutzuckerspiegels auftretendes Koma oder Subkoma. Der Zustand ist hauptsächlich gekennzeichnet durch Schweißausbrüche, Speichelfluß, Bewegungsunruhe, unwillkürliche Muskelzuckungen und Bewußtseinstrübungen. Er kann absichtlich im Rahmen einer Insulinkomabehandlung hervorgerufen werden oder spontan durch Hyperinsulinismus entstehen.
Hungerkrawall. Zustand hochgradiger psychomotorischer Erregung während der Insulinkomabehandlung. (Peters)

Erst danach, wenn mir nach angemessener Schockdauer Zucker-Zitronenwasser mit der Schnabeltasse eingeflößt wurde oder ich - wie beim letzten und wohl gefährlichsten Mal - mit zehn Ampullen Traubenzucker i.v. ins Leben zurückbeordert wurde, darf ich frühstücken. Ich darf, aber ich kann nicht. Ich habe Heißhunger, aber ich kann die Tasse nicht halten, den Mund nicht finden, ich kleckere, sabbere und schlabbere, verschmiere das Bettzeug, den Schlafanzug, meine Haare.

Annähernd vergleichbar ist dieser Zustand der örtlichen Betäubung nach einer Wurzelbehandlung beim Zahnarzt in dem Moment, wo man die Praxis verläßt, unter die Menschen tritt, mit der Zunge und beiläufig mit der Hand die Wange abtastet und sich ein Bild zu machen sucht vom Ausmaß der Entstellung, Schwellung und Fühllosigkeit. Dieses Gefühl bezieht sich im Falle des Insulinschocks aber nicht auf einen relativ kleinen Körperteil, die Wange, sondern auf ihn als ganzen. Die Zunge kann nicht prüfen, denn sie ist selber ein dickes, schweres und unüberwindliches Hindernis, auch zum Sprechen völlig ungeeignet. Die Hände können nicht tasten, sie baumeln nutzlos links und rechts vom Rumpf herab, kraftlos und pelzig.

Er erkannte daraus, daß ihr sein Anblick noch immer unerträglich war und ihr auch weiterhin unerträglich bleiben müsse, und daß sie sich wohl sehr überwinden mußte, vor dem Anblick auch nur der kleinen Partie seines Körpers nicht davonzulaufen, mit der er unter dem Kanapee hervorragte. (Kafka)

Manchmal bemerke ich erst im Blick der Hereintretenden, im kaum zurückzuhaltenden Angewidertsein, welchen Anblick ich biete. Ich möchte dann etwas Erklärendes sagen, aber das verwaschene und von Speichel begleitete Gebrabbel aus meinem Mund verstärkt nur den ohnehin schon verheerenden Eindruck.

... denn da er nicht verstanden wurde, dachte niemand daran, auch die Schwester nicht, daß er die Anderen verstehen könne. (Kafka)

Wer mich so sieht und vorher nicht kannte, muß denken, es mit einer hochgradig Schwachsinnigen zu tun zu haben. Wer mich so sieht und vorher kannte, sieht ein, daß mir von Laien nicht zu helfen ist. Ich gehöre in die Hände von Fachleuten. Wenn es noch eine Chance gibt, dann durch ihr Wissen, ihre Medikamente und Apparate.

Jahre später bin ich in Mainz und fahre mit meinem Freund in die inzwischen neu erbaute Psychiatrie der Uni-Klinik. Ich habe uns angekündigt und um Akteneinsicht gebeten. Ein Psychiater will uns die Unterlagen erklären. Als er auf die Insulininjektionen stößt, fragt er mich, ob ich Diabetikerin sei. Ich muß ihm erklären, daß der Insulinschock vor sechzehn Jahren (und wie lange noch?) an seinem Arbeitsplatz als psychiatrische Therapiemethode galt. Bin ich einem Steckenpferd von Prof. Peters und Prof. Langen erlegen? Wie rechneten sie bei Privatpatienten diese arbeitsintensive Tätigkeit ab?

Für mich in meiner nur punktuellen Erinnerung an diese Zeit sind die Insulinspritzen und ihre Folgen noch schlimmer, zersetzender, abtötender als alles andere, selbst die Elektroschocks. Da ich gleichzeitig noch große Mengen verschiedenster Psychopharmaka schluckte, ist es schwer, den Verlust meiner Ausdrucksmöglichkeiten (an Lesen und Schreiben war überhaupt nicht zu denken) und meines von mir zu steuernden Körpers nur dem Insulin zuzuschreiben. Noch schwieriger ist es, weil die Elektroschocks große Löcher in meine Erinnerung brannten und möglicherweise ganze Ereignisketten mir abhanden gekommen sind.

Er wunderte sich kaum darüber, daß er in letzter Zeit so wenig Rücksicht auf die anderen nahm; früher war diese Rücksichtnahme sein Stolz gewesen. Und dabei hätte er gerade jetzt mehr Grund gehabt, sich zu verstecken, denn infolge des Staubes, der in seinem Zimmer überall lag und bei der kleinsten Bewegung umherflog, war auch er ganz staubbedeckt; Fäden, Haare, Speiseüberreste schleppte er auf seinem Rücken und an den Seiten mit sich herum... (Kafka)

Die anderen interessieren mich nicht. Nicht die junge Medizinstudentin, die mir strahlend in meinem Bademantel gegenübersitzt. Vor ihr verstecke ich die Schokolade. Nicht die herrische Dame im Rollstuhl mit dem abscheulichen Klampfengesang. Am wenigsten die Alten im Saal, die den Fernsehraum besetzt halten und nur selten bis an unser Flurende vorrücken. Mich interessiert, ob ich es nach dem Abführmittel noch schaffe, rechtzeitig die Toilette zu erreichen und diesen verdammten Overall abzustreifen. Meine Mutter hat ein Händchen dafür. Sie bringt mir zur Krönung meiner Regression ins Kleinkindalter einen Strampelanzug mit. Sie führt mich auch zur Aufheiterung in einen vermeintlichen Tierfilm im Kino: »Einer flog über das Kuckucksnest«. Aber das macht nichts, dank intensiver Medikation bekomme ich so gut wie nichts mit.

... und so nahm er zur Zerstreuung die Gewohnheit an, kreuz und quer über Wände und Plafond zu kriechen. (Kafka)

Ich gehöre dazu. Ich bin jetzt selber eines dieser quallig-wabbeligen Monster. Diese Erkenntnis bleibt mir, trotz des Zugedröhntseins, nicht erspart. Ich will nicht mehr leben, treibe mich jammernd auf dem Flur herum und unternehme halbherzige Versuche, mich mit Glasscherben zu schneiden. Peters reagiert darauf jeweils mit Elektroschocks, von ihm auch liebevoll Durchflutungsbehandlung genannt.

Elektrokonvulsionsbehandlung. (U. Cerletti und L. Bini, 1938). Heilkrampfbehandlung. Hervorrufen eines generalisierten epileptischen Krampfanfalles als Behandlungsverfahren. Technik: Durch den Schädel des narkotisierten – selten des wachen – und muskelrelaxierten Patienten wird mit Hilfe eines Konvulsators für 1 – 9 Sek. ein Wechselstrom von 70 bis 100 V und etwa 150 mA geleitet. Mit der Auslösung des Anfalles ist die Behandlung beendet. Der Kranke kommt nach ca. 1/2 Stunde wieder zu sich. Vor Einführung der Pharmakotherapie wurde die

Elektrokonvulsionsbehandlung praktisch bei allen psychiatrischen Krankheitsbildern angewandt, dann zweitweise durch Psychopharmaka fast ganz verdrängt. Gegenwärtige Hauptanwendungsgebiete: die schweren, insbesondere gehemmten Depressionen, Stupor jeder Art, Katatonie (oft lebensrettend), akute psychotische Erregungszustände, Angst-Glücks-Psychosen. (Peters)

Ich erinnere mich nur noch an den Gummikeil, auf den ich auf der Pritsche neben dem Schockapparat liegend beißen soll, und daran, wie ich orientierungslos und mit größtem Befremden den Flur auf und ab laufe und keine Ahnung habe, wo ich weshalb bin und wer die anderen sind. Ich werde später noch viele Jahre immer wieder in Todesangst aufwachen, ohne Luft zu bekommen und mit einem unerträglichen Dröhnen und Knirschen zwischen den Schläfen. Ich werde unzählige Male diesen Kopf gegen die Wände schleudern, um ihn zur Ruhe zu bringen.

Warum werde ich geschockt? Ist es das dörnersche »Lebensangst erübrigt psychotische Angst«?* Aber psychotisch bin ich ja gar nicht. Will Peters mich am liebsten kräftig durchschütteln, mich für meine vermeintlichen Suizidversuche bestrafen? Und wer erlaubt ihm das?

Es existiert nur der Behandlungsauftrag meines Vaters, aber keine Zustimmung von mir, selbst nachdem ich volljährig wurde. Auch wenn es seltsam anmutet, ich werde in der Anstalt zwischen Präkoma und Koma volljährig. Als Prof. Peters mich an meinem Geburtstag nichtsahnend fragt, wie alt ich denn geworden sei, und ich sage »achtzehn«, sehe ich ihm an, wie er die Bemerkung zur Volljährigkeit, die ihm schon auf den Lippen liegt, herunterschluckt. Wir sind uns stillschweigend einig, wie makaber das in diesem Moment wäre. Aber später, als ich anhand der Akten den Ablauf kenne, frage ich mich doch, ob die weiteren Schockbehandlungen nicht meiner Zustimmung bedurft hätten.

Auf die Frage, weshalb überhaupt geschockt wird, habe ich weiterhin keine Antwort, und ich habe es mir auch nie zur Aufgabe gemacht, das psychiatrische Denken verstehen zu wollen. Mehr zufällig bin ich im »Wörterbuch der Psychiatrie« von Peters neben der Cerletti-Bini-Kur und der Insulinkur noch auf weitere ähnlich gelagerte Kuren gestoßen:

* »Lebens- oder Körperangst kann psychotische Angst erübrigen«, erläutern Klaus Dörner und Ursula Plog, Vordenker der deutschen Sozialpsychiatrie, die Wirkungsweise des Elektroschocks.

Ekelkur. Anfang des 19. Jahrhunderts vielfach übliche Behandlung von Geisteskranken, besonders von unruhigen Kranken. Durch wiederholte Anwendung von Brechweinstein wurde mehrmaliges Erbrechen erzielt, um dadurch eine »höchst wirksame Erschütterung des Nervensystems zu bewirken«.
Erschütterungskur. Im 19. Jahrhundert gebräuchliches Verfahren, um psychisch Kranke aus ihrer Wahnwelt, Versunkenheit oder Einsamkeit herauszureißen. Angewandt wurden plötzliches Erschrecken, Vorspielen gruseliger Szenen oder Hervorrufung von Erbrechen durch Brechweinstein. (Peters)

Vielleicht verraten die Träume schockender Psychiater, die ihr Kollege Medard Boss 1941 in Basel vortrug, am ehesten etwas von ihren tieferen Motiven:

1. Traum: »Ich war Kommandant einer deutschen Schocktruppe, die gegen die Maginotlinie anzustürmen hatte. Ich und alle meine Soldaten trugen an Stelle des Tornisters einen Elektroschockapparat. Die Elektrozange war ein Flammen- und Blitzwerfer, die wir nur gegen die Feinde auszustrecken brauchten, um sie und alles Lebende ringsherum, auch die Pflanzen, niederzusengen. Das Grauenvolle an dem Traume war, daß hinter uns die Feindesleichen sich immer weiter in epileptischen Zuckungen wanden, und ich hatte das unheimliche Gefühl, als könnte sich plötzlich diese ganze Masse zuckender Leichen von hinten her über uns wälzen und uns ersticken. Die Getöteten waren jedenfalls viel unheimlicher als die noch lebenden Feinde vor uns.«
2. Traum: »Eine Patientin liegt im Insulinschock vor mir und beginnt immer heftiger zu atmen, wird immer röter und gedunsener im Gesicht, bis schließlich ihr Kopf mit lautem Getöse platzt. Sofort stürzen Polizisten herbei, führen mich ab und beginnen, mich langsam in eine bloß etwa handgroße Insulinampulle hinein zu pressen. Das war eine unsägliche Folter, und es hieß, das sei die Strafe für das größte Verbrechen aller Zeiten. Ich erwachte mit einem lauten Angstschrei und war tropfnaß vor Schweiß.«
3. Traum: »Ich wurde auf einem Krankenwagen in einen Operationssaal gefahren. Dr. Brun aus Luzern war da und behauptete, er müsse mir den rechten Arm amputieren. Ich protestierte energisch dagegen, aber es hieß, da gebe es nichts anderes, das sei ein Schaltarm. Dies hatte im Traum die Bedeutung, daß der Arm krebsig erkrankt war, und in der Tat sah ich darauf an meinem rechten Zeigefinger ein rotes Gewächs, von dem ich auch schon im Traum wußte, daß es der rote Druckknopf am Elektroschockapparat war...«

Es gibt die ganze Zeit einen Stachel in mir, der sich nicht ziehen läßt, einen trotzigen Überlebenswillen. Neben der unklugen und fatalen Äußerung gegenüber den Psychiatern, daß es mir nicht besser, sondern schlechter gehe, die sie natürlich kränken muß und geradezu auffordert, ständig schwerere Geschütze aufzufahren, sage ich immer wieder zu ihnen und zu meinen Eltern, daß ich hier raus muß. Meine Mutter erkundigt sich nach Alternativen und macht Ende April das Bellevue in der Schweiz ausfindig. Mein Vater regelt mit seiner Kasse die Finanzierung, ein aufwendiges Verfahren, das er aber bestens beherrscht, streitet er doch seit Jahren beruflich mit den Krankenkassen.

Am 26. April, eine Woche vor meiner Verlegung, reduziert Prof. Peters drastisch seine Verordnungen. Waren es am Tag zuvor noch Haldol, Neurocil, Tavor, Valium, Luminal und Kreislaufmittel, die ich schluckte, so genügen von nun an 50 mg Neurocil und 3 Tabletten Tavor täglich. Macht sich das besser im ärztlichen Begleitschreiben?

Am 2. Mai fährt meine Mutter mit mir in die Schweiz. Bin ich froh? Fühle ich mich abgeschoben, ausgewiesen aus Deutschland? Ich weiß es nicht. Als wir in der Abenddämmerung in Kreuzlingen ankommen und über einen verwilderten Seiteneingang in den menschenleeren uralten Park treten, denke ich: »Das ist das Ende. Hier komm ich nicht mehr weg« und kippe um.

Sanatorium Bellevue - das Geraune

Ich komme am 2. Mai 1976 abends mit meiner Mutter im Bellevue an, schaue mich um, denke, das ist das Ende, und kippe um. Seen kippen um, wenn es ihnen an Sauerstoff mangelt. Milch kippt um und wird sauer, wenn sie zu alt ist. Ich bin nicht alt, aber hier werde ich versauern. Ich schnappe nach Luft, falle um.

2.5.76: Um 18 Uhr wurde ich von Herrn G. notfallmäßig angerufen: Ein unbekanntes, von seiner Mutter begleitetes Mädchen sei vor der Atelier-Türe plötzlich ohnmächtig geworden.
Als ich kam, lag das Mädchen am Boden. Es war außerordentlich blaß im Gesicht, war aber bei Bewußtsein und konnte sprechen. Sie hatte keinen Urin verloren und nicht in die Zunge gebissen. Nach Angaben der Mutter waren sie auf dem Weg zum Haus Bellevue, als sich Kerstin plötzlich gedreht habe, auf ihre Mutter fiel und dann auf den Boden. Die Mutter habe 4 bis 5 Zuckungen am ganzen Körper beobachtet. Die Tochter sagt, sie habe ihr Bewußtsein nie verloren.

Man tippt auf Epilepsie und kommt nach neurologischer Abklärung zum Schluß, daß mein Gehirn durch Insulin- und Elektroschocks und durch hohe Neuroleptikagaben organisch geschädigt ist. Der Neurologische Dienst des Kantonsspitals Münsterlingen schreibt am 19.8. abschließend:

Die EEG-Veränderung ist somit eher auf eine organische Gehirnschädigung nach Insulin- und Elektrobehandlung zurückzuführen als als Ausdruck des unklaren Anfalls zu werten.

Fritz, der Psychologe, der auch mein Therapeut sein wird, eine Art Schweigetherapie über Monate, nimmt noch am Abend unserer Ankunft die Anamnese auf.

Kerstin Kempker sitzt auf dem Bett, Augen zu Boden gerichtet, antriebsarm. Sie sagt während des Gesprächs, das ich hauptsächlich mit der Mutter führe, wenig, aber sie ist voll beteiligt und gelegentlich interessiert.

Ich bin in der Schweiz, am Ende meiner kleinen Welt. Erst einmal war ich hier, im Sommer '73 mit dem Heliand, als unsere Chemie-Nonne weinte, in Zivil, und wir zur Rheinquelle wanderten. Den Bodensee kenne ich von der anderen Seite. Vor vier Jahren wohnte ich mit Mutti und meiner älteren Schwester in Nonnenhorn bei Maria, dem Hausdrachen einer alten Villa am See. In dem Ort ihrer glücklichen Kriegsjugend quälten wir unsere Mutter, wir hungerten um die Wette, nippten in Cafés neben Törtchen unter Sahnehauben stundenlang am schwarzen Tee und schlichen mit einer matten Lustlosigkeit durch malerische Landschaften.

Das Bellevue liegt nicht in der Schweiz meiner Vorstellung. Es ist ein finsterer, verwunschener Ort ohne Aussichten und weitgehend ohne Schweizer, eine Kunstwelt in der Fremde. Es besteht aus einem großzügigen Park und neun Villen, deren älteste und feudalste - die Villa Bellevue mit heizbarem Wandelgang - 130 Jahre alt ist, deren kleinste - die Parkvilla - um 1900 von einem russischen Großfürsten für seinen privaten Gebrauch erbaut wurde, und deren abgelegenste das Parkhaus ist, seit jeher die geschlossene Abteilung. Ich bin im ersten Stock des Parkhauses untergebracht, zwischendurch immer wieder in der Wachabteilung im Erdgeschoß.

Was weiß ich noch vom Anfang? Ich habe die »Pensées« von Pascal in der Tasche, Kierkegaards »Krankheit zum Tode« und Kleider, die meine Mutter in der jetzt nötigen Größe gekauft hat. Es gibt Menschen, die geschäftig herumlaufen, besonders zur Abendessenszeit. Aber ich kann mich an niemanden erinnern, nur an die Geräusche, das Klappern der Tabletts.

Es ist dunkel im Park, im Parkhaus. Später werde ich diese Düsternis zu schätzen wissen, jetzt schreckt sie mich. Wenn es ein Gefühl gibt, dann ist es Schreck, stummes Entsetzen. Ich komme aus einer weißen Klinikwelt, einem hoffnungslos grellen Weiß mit leerem Ende, in dem ich in kurzer Zeit um Jahrzehnte gealtert bin.

Eine alte Frau legt sich zur Ruhe.
Sie weiß, sie hätte leben dürfen.
Aber sie weiß nicht wann, zu welcher Zeit.

Eine alte Frau schreit auf.
Sie fährt sich übers Gesicht,
kalte Hände schenken Ruhe.

Sie denkt an morgen.
Aber sie denkt an morgen, wie sie es gestern tat
und seit Jahren schon.

Sie denkt zurück.
Und immer, wenn das Geschehene brennen will,
denkt sie an morgen und kühlt.

Schon bei der ersten Ermüdung fände sie sich
stumm und starr in diesem allseits weißen Raum,
der ewig nur weiß ist und fließend.

Sie meidet das Schwarz,
weil zu viel Schwarz das Weiße
hervorlocken könnte.

Sie übt sich im Betrachten von Weiß,
die größere Leere
zurückzuhalten.

Sie spricht in der dritten Person
von sich und meint,
das lenke sie ab.

Sie ist immer bereit zur letzten Stunde,
und sie ist sicher im Glauben,
man liefere sie ihr frei Haus.

Manchmal ist sie so müde,
daß sie sich einhüllt in die weiße Gefahr
und bis in die Augendeckel sie träumt.

Dann, wenn sie erwacht,
ist alles Bunte und Licht
ein Hieb ins ungewarnte Gesicht.

Aber sie wird wieder schlafen.
Das Alter bringt so etwas
mit sich.

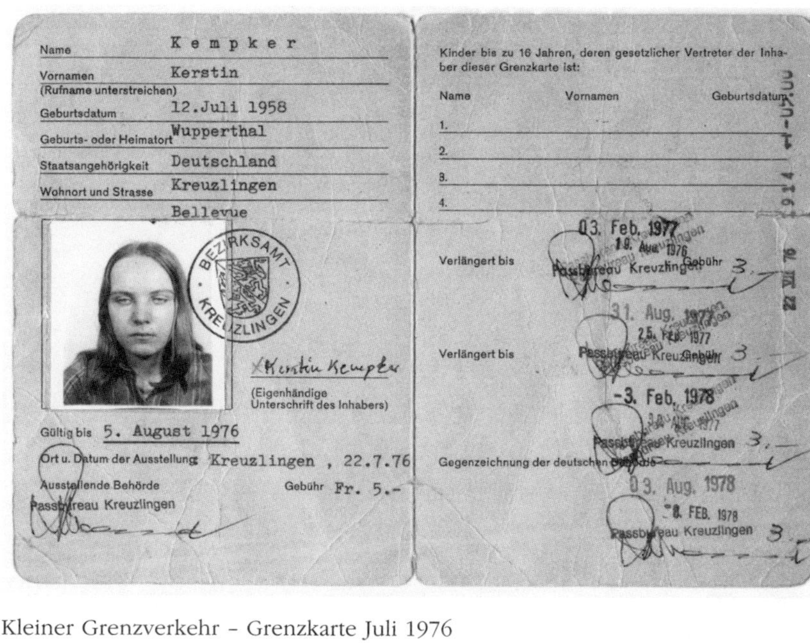
Name Kempker
Vornamen Kerstin
(Rufname unterstreichen)
Geburtsdatum 12.Juli 1958
Geburts- oder Heimatort Wupperthal
Staatsangehörigkeit Deutschland
Wohnort und Strasse Kreuzlingen Bellevue
BEZIRKSAMT KREUZLINGEN
(Eigenhändige Unterschrift des Inhabers)
Gültig bis 5. August 1976
Ort u. Datum der Ausstellung Kreuzlingen , 22.7.76
Ausstellende Behörde Passbureau Kreuzlingen
Gebühr Fr. 5.-

Kinder bis zu 16 Jahren, deren gesetzlicher Vertreter der Inhaber dieser Grenzkarte ist:

Name	Vornamen	Geburtsdatum
1.		
2.		
3.		
4.		

Verlängert bis 03. Feb. 1977 — 19. Aug. 1976 — Passbureau Kreuzlingen — Gebühr 3.-
Verlängert bis 31. Aug. 1977 — 25. Feb. 1977 — Passbureau Kreuzlingen — Gebühr 3.-
-3. Feb. 1978 — Passbureau Kreuzlingen 3.-
Gegenzeichnung der deutschen Behörde
03. Aug. 1978 — 8. FEB. 1978 — Passbureau Kreuzlingen 3.-

Kleiner Grenzverkehr - Grenzkarte Juli 1976

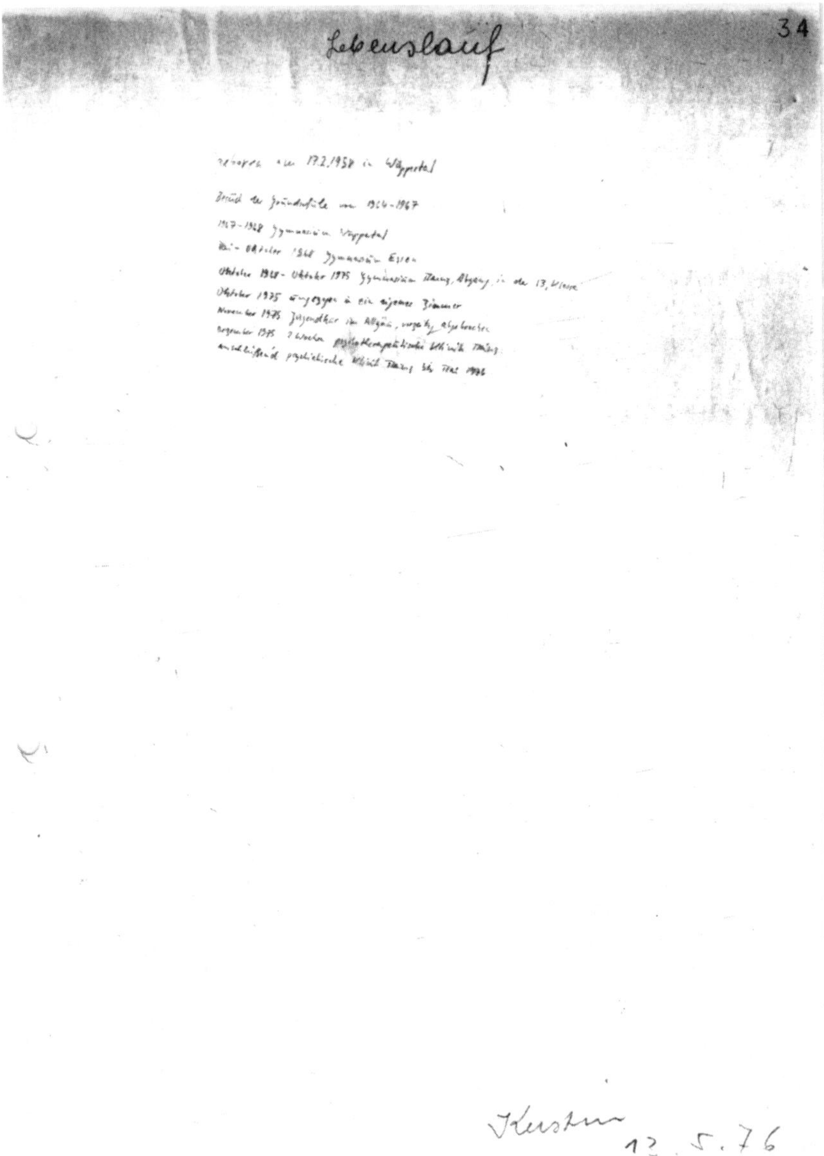

Lebenslauf 34

geboren am 17.2.1958 in Wuppertal

Besuch der Grundschule von 1964–1967

1967–1968 Gymnasium Wuppertal

Mai–Oktober 1968 Gymnasium Essen

Oktober 1968 – Oktober 1975 Gymnasium Mainz, Abgang in der 13. Klasse

Oktober 1975 umgezogen in ein eigenes Zimmer

November 1975 Jugendhof im Allgäu, vorzeitig abgebrochen

Dezember 1975 2 Wochen psychotherapeutische Klinik Mainz

anschließend psychiatrische Klinik Mainz bis Mai 1976

Kirsten 12.5.76

Mai 1976

Alles war weiß in der Mainzer Uni-Anstalt, reinweiß oder eitrig, gallig getönt. Hier im Bellevue herrscht braun vor, das dunkle Braun der meterlangen Einbauschränke im Flur, der Möbel im Zimmer, das Braun von Marlenes Kleidern, das hellere Gelbbraun der nikotinbehafteten Wände, der Vorhänge und der Lampenschirme. Die Höhe der Räume, die Weite der Gänge flößen mir Angst ein.

Die Stadt, das vorsommerlich-helle Kreuzlingen, den lieblichen Bodensee der Touristen lerne ich erst Wochen später kennen, nach meiner Schlafkur in der Wachabteilung, als mir die Grenzkarte, der Ausweiserersatz für den kleinen Grenzverkehr nach Konstanz, ausgestellt wird. Das Geburtsdatum ist falsch, das Foto so gruselig, daß ich mich bei jedem Grenzübertritt schäme. Das bin also ich. Meine Hände sind von den Neuroleptika so versteift, daß ich kaum eine Unterschrift zustande bringe. Ich soll meinen Lebenslauf schreiben. Eine Schwester notiert über diese erste Zeit:

Kerstin beeindruckte mich früher schon immer vom Sehen im Park, wenn sie wie ein lebendiger Leichnam im Park spazieren geführt wurde.

Fritz kommt einmal am Tag und setzt sich für zwanzig Minuten meinem Schweigen aus. Zum Essen werde ich aus dem Zimmer geholt und zum Stuhl geleitet. Ich sitze an einer langen Tafel und esse nur das, was vor mir steht.

Ich bin teuer und nutzlos, werde bekocht, bedient und kritisch beäugt als die Neue. Ich schweige, schweige den Therapeuten täglich an, schweige in der Gruppe und beim Essen. Was kann ich? Ich kann schweigen, schlafen, Tabletten schlucken, und ich kann verzweifeln. Ich kann andere bewegen, zum Handeln veranlassen. Die Tropfen und Tabletten, die man mir gibt, sind ein viel zu schwaches Bataillon gegen mein Leid. Lachend fegt es sie alle beiseite und nimmt mich in Besitz.

Ich erbettele mir eine Schlafkur auf der Wachabteilung. Eine Woche lang liege ich bei Mrs. Stella auf dem Zimmer und bekomme Ruhe eingespritzt. Für meine Zimmerkollegin, eine Dame aus besseren Kreisen, die das Bellevue als Ruhesitz nutzt, ihre eigenen Möbel aufgestellt hat, regelmäßig zum Coiffeur geht und sich zum Dinner umkleidet, bin ich ein störender Fremdkörper. Sie knurrt mich an und seufzt erleichtert auf, als es vorbei ist. Unser Verhältnis wird immer ein distanziertes bleiben. Ich darf wieder in den ersten Stock zurück. Der Stationspsychologe schreibt über die Zeit bis zum Sommer:

Bald geriet sie wieder in diese kataton anmutende, starre Verfassung, wo sie Angst hat vor allem, was sich bewegt, und Angst hat, sich selber zu bewegen, sich zurückzieht, nicht ißt und sich nur immer mit dem Gedanken beschäftigt, wie sie sich umbringen könnte. Sie kann nicht mehr lesen, sie kann sich auf nichts mehr konzentrieren wegen der vielen Medikamente. Sie verlangt aber weiterhin diese medikamentöse Abschirmung. Öfters am Abend, in der Dunkelheit, wird diese Einsamkeit bedrohlich, so daß sie auch schlecht einschlafen kann und öfters aufwacht, obwohl sie dem Eindruck nach mehr schläft, als sie uns glauben machen möchte.

In gut zwei Jahren schlucke ich im Bellevue sieben verschiedene Neuroleptika, darunter 40000 mg Melleril, 4000 Tropfen Glianimon, 25000 mg Entumin und 9000 mg Nozinan. Hinzu kommen 1200 mg Valium, regelmäßig Barbiturate, die ersten drei Monate ein Anti-Epileptikum und nahezu ständig Akineton und Kreislaufmittel. Es ist gleichzeitig viel zu viel und viel zu wenig. Zu viel, um noch zu wissen, wer ich ohne sein könnte. Zu wenig, um Ruhe zu finden. Nur wenn ich das ganze Stationstablett leerfege, reicht es zum Abschalten.

Ich weiß, daß ich ein schwerer Fall bin, daß mir in Deutschland nicht zu helfen war (das ist auch die Begründung für die Krankenkasse, die sonst einen Aufenthalt im Ausland nicht finanzieren würde). Ich bin vollgepumpt und volljährig, ohne Schulabschluß und ohne jeden Sinn. Ich weiß, daß Reden nichts nutzt, Psychopharmaka nicht helfen und Schreiben Folgen hat, die nicht in meiner Macht liegen. Ich schreibe nicht mehr.

Die Psychiatrie hat mich stumm gemacht, was nicht schwer war, denn ich tendierte schon früh zum Verstummen. Es gibt die Sprache nicht mehr, in der es sich sagen ließe. Das gesprochene Wort ist immer zu banal, zu direkt, zu fleischlich. In der Bellevue-Schweiz sagt man es nie deutlich und klar, man nimmt ein Bild, deutet in halben Sätzen an, alles andere wäre zu deutsch. Ich lebe umgeben von Rätseln und fühle mich ganz dumm und plump dabei. Wissen die anderen, wovon sie reden? Wohin sie spüren?

»Jetzt bin ich schon neun Monate hier«, sage ich zu Fritz, »und es ist kein Ende abzusehen.« »Nach neun Monaten werden Kinder geboren«, antwortet Fritz und schweigt bedeutsam. Ich habe was zum Knabbern, einen dieser unverdaulichen Brocken. Komme ich jetzt auf eine neue Welt? Wird er mich stillen, trösten und pflegen, mir die Sprache beibringen? Wie lange soll das dauern? Noch einmal achtzehn Jahre?

Im Bellevue funktioniert Verständigung nicht über Worte. Wir sind ein Haufen Fremder, in einer kleinen Sonderwelt abgeschirmt, gut versorgt und geführt von einem raunenden, Ahnungen in sich hineinatmenden Wesen, dem letzten Vertreter der Binswanger-Dynastie, verloren in den viel zu großen und tiefen Fußstapfen seines Vaters. Mich rührt sein Schweben. Ich beginne diese marode, morbide Welt zu mögen, eine Welt mit großer Vergangenheit und ohne Zukunft, in der wir alle Verlierer sind: die ausgetretene Nonne aus Luxemburg mit ihrem leisen Witz; der schöne Rudolf-Steiner-Verehrer, mal stummer Asket, mal eßwütiger Möbelzertrümmerer; der Schweizer Sterngucker und -deuter mit seiner schwarzen Langhaarperücke; die junge, vor Empfindungen vibrierende Studentin aus Frankfurt am Main, die im Gesicht, auf Armen und Beinen vernarbte Kreuze trägt; der immer bedrückte Lehrer mit der tiefroten Spur des Stricks am Hals; der strahlende Trinker, sehr gepflegt und mit tausend Geschichten auf der Zunge; der imposante afrikanische Häuptlingssohn, der nicht mit jedem spricht und es vorzieht, am eigenen Tisch zu sitzen.

Nachmittags, wenn ich allmählich erwache, kommen die meisten zum z'Vieri aus ihren Zimmern. In der eingebauten Sitzecke am Treppenaufgang, da wo das Leben hinauf-, hinunter- und vorbeiläuft, sitzen wir bei Kaffee und Kuchen und beobachten die Eindringlinge, wenn sie am oberen Treppenabsatz ankommen und einen Blick nach rechts in die Runde wagen. Es sind Therapeuten, Psychiater, Besucher, Praktikanten. Sie werden gleich verschluckt, fallen in die Sessel und verschwinden im unbelebten Tafelbild. Wenige schaffen es, sich mit einer lauten, entschlossenen Stimme und raschen Bewegungen ein Stück mitgebrachter Vitalität zu erhalten. Sie bleiben nicht lange.

Die Zeit steht still im ersten Stock, Dornröschen schläft. Stundenlang sitze ich neben anderen unbeweglich im Sessel und warte. Ich warte auf den Prinzen, der mich ins Leben küßt. Ich warte auf Fritz, der zum Schweigen oder Raunen kommt, und auf die Essensklingel aus dem Erdgeschoß.

Denn wenn Leni, der gute Küchengeist, läutet, belebt sich die Szene. Der hungrige Jakob, der eifrige Eroll und die Praktikanten, die seit Stunden danach gieren, etwas Nützliches tun zu können, sie alle stürzen die Treppe hinunter und tragen die schweren silbernen Tabletts ins Eßzimmer. Es gibt mehrere Gänge edler Speisen, kunstvoll angerichtet in versilberten Schüsseln und Saucieren. Dem Hauptgericht geht immer eine Suppe voraus und eine kleine Vorspeise wie gefüllte Pasteten oder in mageren Schinken gehüllte Melonenschnitze. Als Dessert gibt es Torten, Windbeutel, Pudding- oder Eiskreationen und Kaffee.

Außer dem Tragen der Tabletts haben wir nichts zu tun. Wenn uns nachts der Hunger packt, lassen wir uns die Küche öffnen und räubern die Reste. Wenn wir Lust auf ein kühles Getränk haben, läuten wir bei Leni, und sie reicht es heraus, auf Rechnung. Täglich werden die Zimmer geputzt. Die Bettwäsche ist immer frisch. Unsere persönliche Wäsche wird eingesammelt, einzeln gekennzeichnet und kommt gebügelt retour. Die Post geben wir in der Apotheke ab. Sie wird zentral frankiert und versandt. Telefonate melden wir in der Zentrale an und führen sie vom Stationskabäuschen aus.

Man plaudert, verabredet Spaziergänge - je nach Ausgangsregelung darf ich nicht aus dem Haus oder nur in Begleitung, wenn das Personal »ein gutes Gefühl« hat.

Hinter dem Klinikareal liegt der Bahnhof von Kreuzlingen, davor die Straße zum Bodensee, links die Grenze zu Konstanz, rechts geht es in die Schweiz hinein.

Wir schlendern in den Ort zum Kaffee- und zum Weintrinken und für den Spaziergang am See, besonders beliebt bei Besuchern. Manchmal kaufe ich ein Buch, Waschzeug, etwas zum Anziehen oder kleine Geschenke. Weitere Gründe für den Ort gibt es nicht. Am Abend sitzen wir oft in einer Kreuzlinger Beiz, im Sternen, dem Goldenen Lamm, wo rot-weiß-karierte Vorhänge an jedem Tisch einen gemalten Blick auf die Alpen freigeben. Ich lerne das ständige Grüezi und die anderen Vokabeln, die man dort draußen braucht.

Ich besuche den Kiosk am Bahnhof, wo es die gute Schokolade und den Nebelspalter gibt, und den Kiosk an der Grenze, fast noch im Anstaltsgelände, mit dem breiten Alkoholangebot. Bei Ausgang nur mit Personal suche ich mir gelegentlich die Gutgläubigsten heraus und decke mich unbemerkt mit Hochprozentigem ein.

Im September beschließt das Team, meine Psychopharmaka drastisch zu reduzieren. Den Effekt beschreibt der Stationspsychologe:

Während sie früher als Silhouette, still, bedrohlich um Fenster und Balkontüren schlich und uns auf diese Art zwang, alles sorgfältig abzuschließen und zu kontrollieren, und auch andere Patienten in Angst und Panik versetzte, wenn sie auf dem Balkongeländer saß und in die Tiefe starrte, kann sie jetzt weinen, versucht, sich mit Alkohol Mut anzutrinken, verlangt freien Ausgang, auch um sich Tabletten zu besorgen, zündet sich die Haare an und spielt überhaupt mit Feuer, indem sie auch ihre Kleider auf dem Boden anzündet, schraubt überall elektrische Glühbirnen aus und versucht sich damit zu verletzen, immer mit der Einstellung: So kann es nicht weitergehen. Dieses sehr vielfältige Geschehen, das bei Personal und Patienten allerlei Reaktionen auslöst, scheint Kerstin irgendwo auch klar unter Kontrolle zu haben.

Zwei Monate später schreibt er:

Kerstin lebt weiterhin stark zurückgezogen, liegt steif auf dem Bett und kommt oft nicht zum Essen. Sie schleicht mit regloser Miene und gesenktem Blick umher. Des öfteren schaut sie aber auch aggressiv zu den Medikamenten. Sie leidet immer noch, wenn auch nicht mehr so häufig und turbulent, unter den Impulsen, die sie plötzlich über sich hereinfallend und dranghaft erlebt. Sie erzählt von Erlebnissen, daß die Wände näher und die Decke herunter kommen würden. Sie kommt jetzt vermehrt zur Stationskonferenz und in die Gruppe. In beiden sitzt sie zusammengedrückt, das Gesicht durch ihre Haare verdeckt da.

Ein Jahr nach meinem Ausstieg aus Kloster- und Familienidylle, ein halbes Jahr nach Hirndurchflutungen und Insulinkur erwache ich in einen neuen, bösen Alptraum. Erstmals habe ich Halluzinationen, die zum Glück nur kurz währen. Jede aufkommende Vitalität wende ich gegen mich. Zum ersten Mal bin ich tatsächlich suizidal.

Einen Satz aus »Ariel«, einem Gedichtband von Sylvia Plath, erkläre ich zu meinem Motto. Ich hänge ihn in der Stationsapotheke an den Schrankflügel, hinter dem das Gift lagert, genug für alle: »Dying is an art, like everything else. I do it exceptionally well.«

Dying	*Sterben*
is an art, like everything else.	*Ist eine Kunst, wie alles.*
I do it exceptionally well.	*Ich kann es besonders schön.*
I do it so it feels like hell.	*Ich kann es so, daß es die Hölle ist, es zu sehen.*
I do it so it feels real.	*Ich kann es so, daß man wirklich fühlt, es ist echt.*
I guess you could say I've a call.	*Sie können, glaube ich, sagen, ich bin berufen zu diesem Ziele.*
(Plath)	

Ich beschäftige euch, ich sorge für Abwechslung, für Beschleunigung. Wer hier arbeitet, soll was zu tun bekommen.

Schlechter als mir geht's keinem. Ich kann es besonders schlimm. Ich kann es ständig. Ich kann es, wenn keiner damit rechnet. Ich kann es auf tausend verschiedene Arten und so, daß alle erschrecken. Ich kann es gnadenlos, kalt und geplant, und ich kann es plötzlich, aus einer Laune heraus. Ich kann es so, daß ihr mich nicht aus den Augen laßt.

Wenn ihr mich nicht seht, gibt es mich nicht. Wenn ich mir die Augen zuhalte, seid ihr verschwunden. Ich kann in eine andere Welt gehen. Das ist hier nicht verboten. Da ist mir nichts unmöglich. Wenn ich zurückkehre, weiß ich von nichts, es war Nicht-Ich.

Ich kann nicht viel. Aber ich kann schwierig sein, der schwierigste Fall. Ihr werdet mich nicht auflösen, mich nicht zum Verschwinden bringen. Beweist mir, weshalb ich leben soll. Was spricht dafür? Ich kenne keinen Grund. Meint ihr überhaupt mich, wenn ihr mich am Leben wollt? Ich schenke euch mein Leben. Nehmt es, wenn ihr was damit anfangen könnt. Ich werfe es zum Fenster raus, lege es auf die Bahngleise, hänge es an die Balkonbrüstung. Ich fall euch vor die Füße. Es gibt keinen Grund mehr. Spätestens seit der Mainzer Uni-Anstalt ist klar, daß ich ohne Schulabschluß bleibe und nur noch für Hilfsarbeiten, wenn überhaupt, tauge. Noch Behandlungsfall, bald schon Pflegefall. Menschen, die wichtig sind, gibt's nicht mehr. Die Familie ist zum Glück weit weg. Und ich selber, ich für mich allein, ohne Ziel und ohne Aufgabe, das kann's doch nicht sein. Aus dem Spiegel starren mich tote wäßrige Augen an in einem aufgedunsenen Gesicht. Ich schleppe mich wie eine Last durch den Tag, bin ein Bündel Angst.

Ich gebe mir keine Blöße. Ich lerne schweigen in unendlichen Variationen. Ich kann es edel, wissend, und ich kann es ganz unberührt. Ich kann es abwesend, abweisend, unverblümt, stoisch und gelassen, tragisch und cool, gedankenschwer und freischwebend, über allem und tief darunter. Ich kann es besser als mitreden, kenne nicht die Politik, eure Geschichte. Mir fehlt das Inventar der wichtigen Leute und der großen Gedanken. Ich bin ohne Wissen und ohne ein eigenes Leben. Ich habe ja gar nichts zu sagen. Das sage ich euch auf vielerlei Art. Und ihr tappt ahnend, raunend, voller Vermutungen in meine weit ausgelegte Falle. Ich gebe euch zu denken und weiß um das Nichts, das mir zugrunde liegt.

Ihr werdet es müde. Da bringe ich neue Karten ins Spiel. Wenn ihr mir auf die Schliche kommt, bin ich verloren. Wenn ihr das Interesse verliert, euch langweilt, mich belächelt, dann ziehe ich neue Saiten auf. Ihr sollt euch wundern, aus dem Staunen nicht mehr herausfinden. Ich habe viel Zeit und beherrsche das Spiel. Ihr seid meine Aufgabe, mein Arbeitsfeld in dieser verdrehten Welt. Ich lasse euch springen, wiege euch in Sicherheiten, strafe euch Lügen, locke euch aus der Reserve, erschleiche Vertraulichkeiten, handle mit euren Realitäten, euren Mutmaßungen. Ich treffe euch ins Mark. Da treffen wir uns. Ich weiß das alles nicht, ich tue es.

Ein Tag mit einem sanften Beginn, überraschender Wende, Eskalation, tragischem Höhepunkt und glimpflichem Ende, abgerundet von einem ausführlichen Rapport, ist kein verlorener Tag.

Der Stoff, aus dem die Katastrophen sind, wird stärker. Es ist eine Sucht. Der Pegel muß steigen, um den gleichen Effekt zu erzielen. Ich lege nach, Tag für Tag legte ich nach. Wenn es keine Steigerung mehr gibt, falle ich ab in eine tiefe Nichtigkeit, zehre von Vergangenem, um dann den Bogen wieder zu spannen, ein neues Kapitel aufzuschlagen. Alle tragen die Überschrift: Ich kann es am schlimmsten.

Am 12. November 1976 gehe ich am Abend vor den anderen vom Eßtisch weg, probiere routinemäßig alle Fenster durch und stoße auf ein unverschlossenes. Ich setze mich auf den Fenstersims und lasse mich – ohne die üblichen Zweifel und Bedenken – fallen. Im Fallen denke ich, so lange dauert das also. Wort für Wort weiß ich heute, dreiundzwanzig Jahre später, noch diesen Gedanken, und dann nichts mehr.

Ich liege unter greller Beleuchtung im Operationssaal, und jemand näht an meinem Kinn. Ich werde in einen anderen Operationssaal geschoben, an Händen und Füßen festgebunden, mit grünen Tüchern bedeckt, und eine Ärztin schneidet meinen Bauch auf und wühlt, wie mir scheint, stundenlang mit brennenden Metallwerkzeugen in meinen Eingeweiden herum. Ich brülle vor Schmerzen wie noch nie. Die Ärztin ist unbeeindruckt und scheint mir zu verstehen geben zu wollen, daß ich selber schuld sei und es nicht ihr Wunsch war, mich zu operieren.

Der Bericht von Herbert:

So um 18.15 Uhr verließ Kerstin uns im Speisezimmer, nachdem sie mit uns zu abend gegessen hatte. Etwa 3 bis 5 Minuten später kam Barbara ins Speisezimmer gerannt und erzählte, jemand liege unter ihrem Zimmerfenster draußen vor dem Haus und stöhne. Wir rannten sofort hinaus und fanden Kerstin auf der Erde liegen. Massimo und das Personal der Wachabteilung holten eine Bahre und brachten Kerstin in die Apotheke der Wachabteilung. Dr. Lopez und Dr. Roussaux kamen bald darauf, und etwa 15 Minuten später kam die Ambulanz und brachte Kerstin ins Kantonsspital nach Münsterlingen. Gegen 20 Uhr erhielten wir die Nachricht, sie habe einen doppelten Beckenbruch, der Kreislauf sei schwach, neurologisch wäre alles in Ordnung, es bestünde keine Lebensgefahr. Um 21 Uhr verständigte Dr. Roussaux ihre Mutter in Mainz.
Zur Rekonstruktion im Rückblick: Kerstin hat heute lt. Rapport von Pia 1 Rohypnol und 1 Evipan genommen, das Roger ihr gestern unaufgelöst gegeben hatte. Sie wirkte aber nicht so gespannt und »high« wie früher, wenn sie gesammelte Tabletten genommen hatte. Von 16 bis 17 Uhr ging ich mit ihr spazieren. Sie erzählte mir, daß Hannes heute auch schon eine Stunde mit ihr spazieren gewesen sei. Etwas überrrascht war ich auch, als sie mir gestand, sie habe die individuellen Rapporte gelesen (über sie). Sie fand es aber eher lustig, was alles über sie drin stehe. Weiter erzählte sie mir: »Ein Satz aus der Therapie beschäftigt mich sehr: Wenn du so weiter machst, erstarrst du entweder zur Salzsäule oder du stirbst!« Sie sagte dies aber sehr ruhig, war gut ansprechbar, bedankte sich freundlich für den Spaziergang. Ich hatte auch nicht den Eindruck, daß sie in einer akuten Krise stehe, ich habe sie eigentlich wie immer erlebt.

Ich war dann 15 Minuten mit Jakob draußen. Nach meiner Rückkehr erzählte mir Roger, Kerstin sei in die Apotheke gegangen, habe ihre Abendmedizin »geklaut« und habe die von Jakob auch nehmen wollen. Er habe dies jedoch verhindern können. Roger war dann eine halbe Stunde bei ihr im Zimmer, und sie sagte, sie fühle sich sehr schlecht. Sie erzählte ihm von ihrer Todessehnsucht. Er habe kein gutes Gefühl. Daraufhin kontrollierte ich alle Fenster. Sie waren in allen Zimmern geschlossen. Wir gingen dann zum Essen, auch Kerstin, sie aß ziemlich viel. Anschließend muß sie nach vorne gegangen sein und sich auf die Couch gesetzt haben. Luigi muß dann die Katze aus Barbaras Zimmer herausgelassen haben, und am Luftzug muß Kerstin gemerkt haben, daß das Fenster offen war, obwohl Barbara den Vorhang davor hatte, so daß man das offene Fenster nicht ohne weiteres sehen konnte. Kerstin rannte ins Zimmer und sprang hinunter. Bei meiner Kontrolle war das Fenster geschlossen. Ich habe jedoch nicht geprüft, ob es verriegelt war. Barbara muß es, als sie zum Essen ging, geöffnet haben.
Und so geschah dann das Unglück. Dr. Lopez meinte, immer wenn Kerstin etwas lebendiger werde, dann setze bei ihr eine destruktive Tendenz ein.

Mein Rückblick. Fritz ist nicht da. Ich bin in Gefahr, und ich muß es jemand sagen. Aber wem? Der einzige, der meine Not ein bißchen versteht, auch wenn ich sie ruhig und scheinbar unbeteiligt mitteile, ist Fritz. Hannes ist auf der Station, ein schwergewichtiger Schweizer Psychologe mit Rauschebart, der Gestalttherapie lernt und eine Mischung aus höflicher Überheblichkeit und ironischer Distanz ausstrahlt, die mich wachsam macht. Ich traue ihm nicht, und er weiß das.

Es nieselt, und Hannes nimmt seinen großen bunten Regenschirm mit auf unsere Runde durch den Park. Auf der Brücke, die gleich neben dem Parkhaus über ein Rinnsal führt, spricht er von seinem Schirm, irgendwelche symbolhaltigen Äußerungen über die Farben, das Spektrum. Wie kaum eine andere Situation habe ich diese noch bildlich vor Augen: Ich in meinem schweren schwarzen Ledermantel, wetterfest bis an die Knöchel. Er, rund und fest mit diesem Schirm, den er betrachtend vor sich hält. Ich weiß in dem Moment, daß es sinnlos ist. Er läßt sich auf meine Not nicht ein, weil er sie nicht fühlen kann. Wir plaudern und kehren zurück. Noch ist es nicht dunkel.

Ein zweiter Versuch mit Herbert, einem gestandenen Mann mit einer harten Geschichte, kein Therapeut, keine Gestalt. Ich mag Herbert, einen Unterhaltungskünstler mit viel Sinn für Humor, der sich von mir nicht ins Bockshorn jagen läßt. Er erträgt die Stille nicht. Roger, meine letzte

Anlaufstelle an diesem Abend, kenne ich kaum. Auch jetzt, in der Erinnerung, habe ich kein Gesicht vor Augen.

Heute, zwanzig Jahre danach, frage ich mich, wieso ich an diesem Abend einerseits so viele Hilferufe aussandte, andererseits aber mich so kampflos aus dem Fenster fallen ließ. Es ist - in meiner Erinnerung, die trügerisch sein kann - das einzige Mal im Bellevue, daß ich intensiv bei allen zur Verfügung Stehenden anklopfe und mich um Verständigung bemühe. Es finden auch alle Zeit für mich. Gleichzeitig ist es ein Wendepunkt, ich habe mich nicht mehr im Griff, und Schutz von außen gibt es nicht.

Die folgenden zwei Monate liege ich im Bett und darf nur Kopf und Arme bewegen. Es ist keine schlimme Zeit. Auch wenn der Verlust jeglicher Intimsphäre nervt, bis hin zu meinen verzweifelten Rufen nach der Bettpfanne auf der geschäftigen Wachabteilung, ist der Zustand der Starre und des Ausgeliefertseins mir ja nicht neu. Er ist jetzt zum ersten Mal deutlich sichtbar und legitimiert. Die Forderung, auf andere zuzugehen und mir zu holen, was ich brauche, kann in diesen Wochen nicht an mich gestellt werden. Es ist etwas traurig, daß es der Beckenfraktur bedurfte, aber es ist eine Möglichkeit, auf Zeit zumindest.

7.12.: Zuerst hieß es, Kerstin müsse 3 bis 5 Wochen fast völlig bewegungslos im Bett in Münsterlingen liegen. Doch dann wurde ein weiterer Riß entdeckt, und sie sollte bis nach Weihnachten dort bleiben. Nachdem sie zu verschiedenen Leuten, z.T. in scherzendem Ton, darüber gesprochen hatte, ließ sie sich am 2.12. aus dem Bett fallen, worauf sie die chirurgische Abteilung nicht mehr behalten wollte. Sie wurde zu uns in die Wachabteilung verlegt. Bei den Besuchen war sie in guter Stimmung, aufgekratzt, konnte ihre Freude zeigen, merkte aber auch, daß sich manchmal eine gezwungene Atmosphäre um ihr Bett verbreitete. Sie bewegte ihre Hand anmutig, sonst lag sie ja völlig reglos und hilflos da.

Gaby, die Beschäftigungstherapeutin mit dem leicht neurotischen Dackel Floggi, schreibt am 14.12.:

Zuerst war mir ihr Lächeln bis Lachen immer eher unheimlich, wenn es mich auch andererseits anzog. Jetzt beginne ich ziemlich sicher zu differenzieren, was sie eigentlich damit im entsprechenden Moment ausdrücken möchte. Z.B. erlebe ich dabei auch einen großen Unterschied zwischen vormittags und abends. Ihr

Lachen am Abend wirkt gespenstisch auf mich. Sie liegt gerne im dunklen Zimmer, sagt aber auch: »Je dunkler es draußen wird, desto dunkler in mir.« Sie lebt dann in Bildern wie einen Winterschlaf zu halten oder sogar ganz einzuschlafen. Dabei vergißt sie nie zu lachen, und als ich sie fragte, wo ihre Tränen hingingen, antwortete Kerstin strahlend: »Nach innen.« Eine Träne rollt dann doch hinab, und sie meint: »Es geht eben nicht mehr.«

Ida, die Stationspsychologin der Wachabteilung, schreibt:

Kerstin betonte immer wieder, daß alles keinen Sinn habe, und wenn sie nach Münsterlingen gehe, um laufen zu lernen, dann nur deswegen, daß sie sich nachher endgültig umbringen könne.

Ich muß nicht nach Münsterlingen, ich laufe einfach wieder. Zusammen mit einem Praktikanten kaufe ich in Kreuzlingen ein Paar schwarze Stiefel und sitze, gestiefelt und gespornt, mit baumelnden Beinen auf meinem Bett. Schonzeit ist vorbei, die zweite Runde kann beginnen. In den Rapporten der Wachabteilung sieht das so aus:

2.3.77: Heute abend um 20.20 Uhr ruft mich Manfred an, Kerstin habe einen guten Schluck Terpentinöl getrunken. Nach Besprechung mit Dr. Binswanger rufe ich das Toxzentrum in Zürich an, das mir sagt, daß ein Schluck schon letal sein könne. Wir beschließen, Kerstin nach Münsterlingen zu bringen.
2.3.: Sie liegt die meiste Zeit des Tages auf ihrem Bett, das Zimmer ist verdunkelt, und unter dem Personal herrscht oft Angst und Unbehagen. Es fühlt sich kalt und lähmend um sie herum an, und es braucht sehr viel Kraft, um Kerstin ein wenig erleben zu können.
12.3.: In die Stationskonferenzen schleppt sie sich, kann sich aber nicht mitteilen und wirkt sehr weit weg. Kerstin beginnt um eine Schlafkur zu feilschen, und da darauf nicht in ihrem Sinne reagiert wird, schluckt sie am 10.3. sämtliche Medikamente vom Stationstablett auf einmal, was sie nicht auffallend verändert, ihr aber einige Stunden Schlaf schenkt.
Am Abend läuft Kerstin mit geschlossenen Augen und den Händen auf den Ohren unaufhörlich im Kreis herum. Sie wirkt unansprechbar, erliegt Körperschwächen und fällt mehrmals zu Boden. Wenn sie dann zu sich kommt, spricht sie von Stimmen in ihr und von Bildern vor ihren Augen, wo sich Menschen gegenseitig umbringen. Dieser Zustand wiederholt sich häufiger und immer am Abend. Kerstin beginnt schon aus Angst vor dem Abend am Morgen zu zittern.
13.3.: Heute verbrannte Kerstin in ihrem Zimmer ihr Tagebuch.

Es ist das Tagebuch, das mich in die Psychiatrie brachte und die Diagnose Schizophrenie begründete, ein Buch aus einer anderen Zeit. Ich zünde es an auf den Holzdielen in meinem Zimmer. Es brennt besser, als ich dachte. Rauch füllt den Raum, und ich fliehe. Vor der Apotheke warte ich, denn die Schwester unterhält sich gerade. Ich weiß, es brennt, aber ich bringe es nicht über mich, unhöflich zu sein und die beiden zu unterbrechen. Zum Glück sieht Marlene mir an, daß etwas nicht stimmt, und ruft schließlich die Feuerwehr.

28.3.77: Kerstin trinkt ihre gesamten Kosmetika. Sie wirkt beängstigend kalt und todesnah.
11.4.77: Nachdem Kerstin wieder alles unternommen hat, uns zu demonstrieren, wie ernst sie es mit dieser Entscheidung (leben oder sterben) meint, liegt sie dann mehrere Stunden erschreckend fern, eiskalt und regungslos auf ihrem Bett. Es ist vollkommen ausgeschlossen, sie irgendwo zu errreichen. Aus der Tiefe dieses Zustandes heraus springt sie aus ihrem Bett und versetzt ihr Zimmer in ein Schlachtfeld und lebt am nächsten Tag wieder spürbar.
Am 12.4. verschwindet Kerstin durch ein Fenster und kehrt erst nach zwei Stunden, ganz durchnäßt und zusammengefallen, mit fremden Leuten wieder zurück. Es dauert einige Tage, bis Kerstin auf der Station über ihr Erleben an jenem Abend sprechen kann. Am 17.4. erzählt sie mir dann, »die zwei Kräfte, Leben und Sterben, haben mich fast zerrissen. Zehn Minuten lag ich auf den Bahngeleisen, denn ich bin weggegangen, um zu sterben. Plötzlich mußte ich weitergehen, und meiner Todessehnsucht stand ich ohnmächtig gegenüber.«

Über die Ostertage versammelt sich meine gesamte Familie im Bellevue zur Familientherapie mit Fritz und Gaby.

Das Kotelett und die Kartoffeln - eine Kostprobe

Vater: Und jetzt sage ich es mal deutlich. Ich habe mich immer geärgert, wenn Kartoffeln auf den Tisch kamen: »Ich eß keine Kartoffeln.« Wenn Brot auf den Tisch kam, ich sage noch mal: Brot! Grundnahrungsmittel. »Ich eß kein Brot.« Ich habe gesagt, ich bin dagegen, daß Kind B nur Raritäten frißt.

Therapeut: ... dieser Familientisch, das machen wir mal. Hier ist der Tisch.

Mutter:	Vorne sitzt Vater. Ich sitze daneben. An der Stirnseite mein Mann und ich daneben.
Kind C:	... also, die Sitzreihenfolge, die hat keine bestimmte Ordnung. Essen ist fertig!
Kind A:	Dann gab es erst mal Krach, wer Vater holen muß.
Mutter:	Ach so, Vater...
Kind A:	Kind D mußte dann Vater...
Kind C:	Kind D mußte immer Vater holen.
Therapeut:	Der war wo?
Mutter:	Beim Arbeiten.
Kind A:	Im Loch, kachelt den Swimming-Pool.
Kind C:	Vater ist im Loch.
Mutter:	Vater ist im Loch.
Kind D:	Ich habe das als nett empfunden, wenn er dabei war.
Vater:	Ja, das war Endstadium. Wer holt jetzt diesen blöden Kerl da?
Kind C:	Dann hat Mutter immer gesagt, es ist doch nicht so schlimm, beiß die Zähne zusammen, setz dich hin, Hauptsache kein Krach. Da haben wir uns halt alle mürrisch, wie wir waren, hingehockt.
Mutter:	Früher wurde noch gebetet. Das habe ich meistens gesprochen, nicht? Ja, mürrisch sitzen sie rum...
Kind C:	Strammsitzen mußten wir nicht.
Therapeut:	Und dann wird das Essen verteilt...
Kind C:	Ja klar, Gebet runtergerasselt und dann an die Pötte.
Kind B:	Das Fleisch, das wurde erst...
Mutter:	Genau, das Fleisch... Immer der Vater zuerst. Was gibt es denn heute? Erbsen und Möhren, typisch deutsches Essen, Kotelett.
Kind A:	Und das größte...
Mutter:	... kriegt der Vater.

Vater: Bleiben wir mal beim Kotelett. Das ist ja das, was in meinen Augen nie geklappt hat, nicht?

Kind C: Oh, Mann!

Mutter: Nie gekla...

Vater: Dann habe ich gesagt, ja, das ist... zäh will ich nicht sagen, aber eins hast du nie gekonnt, Mutter, ein vernünftiges Kotelett machen. Oder das Fleisch richtig nett machen, wie ich das gerne esse, so ein bißchen vernünftig gewürzt...

Kind C: Wie es deine Mutter gemacht hat?

Vater: Ja, vielleicht schon, ja. Ich habe nie... ich meine, heute können wir darüber reden, ja? Mit deinem Kotelett, das hat nie geklappt.

Mutter: Es wird rumgereicht, ne? Dann kriegen die anderen...

Vater: Komm, Kind B, hier, hier... greif zu! Nimm! Es sind Kartoffeln da.

Kind B: Ich will nicht.

Vater: Nimm wenigstens zwei Kartoffeln!

Kind B: Willst du mich zwingen, Kartoffeln zu essen?

Vater: Ja, ich will dich schon dazu zwingen. Irgendwas mußt du hier essen, sonst kriegst du nichts.

Kind B: Ich möchte keine Kartoffeln essen.

Vater: Was willst du dann essen?

Kind B: Ich esse das andere. Ich eß die Erbsen und die Möhren...

Vater: Das gibt's nicht! Du hast hier die Grundnahrungsmittel zu essen.

Kind B: Dann eß ich gar nichts.

Vater: Dann kriegst du nichts.

Kind B: Gut.

Vater: Gut. Also, Schluß. Kind A, nimm Kartoffeln!

Kind A: Ich habe schon gegessen.

Vater: Wieso schon gegessen?

Kind A: Ich habe zwischendurch was gegessen.

Vater: Du sollst nicht immer zwischendurch essen. Ich möchte, daß hier zu den Hauptnahrungszeiten gegessen wird.

Kind A: Ich will keine Kartoffeln essen.

Vater: Du willst keine Kartoffeln essen. Also, Mutter, wenn sie keine Kartoffeln essen will, dann sieh zu, daß sie nicht zwischendurch futtert. Dann kriegt sie auch sonst nichts. Sieh zu... sei konsequent. Wenn gegessen wird, sollen alle hier am Tisch essen. Und auch, wenn es mal nicht so schmeckt.

Kind A: Du sagst dann: Nimm wenigstens eine.

Mutter: ... Nimm wenigstens eine Kartoffel.

Kind D: Und nachher hast du sie beschwichtigt.

Kind C: Nee, nee, direkt dabei, beschwichtigt.

Therapeut: Und hat Kind A eine Kartoffel genommen?

Vater: Nein. Nein. Nein. Auch Kind B nicht... Nein, nein, nein, nein.

Mutter: Weiß ich gar nicht mehr.

Vater: Nein, nein, nein.

Vater: Ja, das war Mist, nicht wahr? Daß sie damit durchkamen.

Therapeut: Können wir mal die Rollen tauschen? Kind A, bist du mal der Vater?

Kind A: Buh!

Therapeut: Tun wir mal diese kurze Szene einfach wiederholen.

Kind A: Das mit dem Kotelett oder mit den Kartoffeln?

Vater: Kartoffeln.

Kind A: Hier sind die Kartoffeln.

Vater: Ja, also ich eß, ich eß keine. Ich hab schon gegessen.

Kind A: Irgendwas mußt du ja schließlich essen, also iß jetzt die Kartoffeln.

Vater: Ich sagte, ich habe schon gegessen.

Kind A: Das sind Grundnahrungsmittel, die hast du zu essen.

Ostern 1977

Vater: Ich bin aber satt. Ich habe gegessen. Was soll ich essen, wenn ich keinen Hunger mehr habe? Ich...

Kind A: Mutter, was hat sie vorher gegessen?

Mutter: Ach, ich kann mir das gar nicht vorstellen. Was hast denn du gegessen?

Vater: Na, ich habe eben was gegessen. Ich will nicht mehr essen.

Mutter: Brauchst ja nicht so viel davon zu essen. Kannst ja auch Gemüse essen.

Vater: Ich sagte schon...

Mutter: Guck dich mal an.

Vater: Ich sagte schon...

Mutter: Du bist ja überhaupt nicht dick. Wer sagt denn überhaupt, daß du dick bist?

Vater: Ich sagte schon, ich eß nicht. Ich möchte nicht mehr essen.

Mutter: Brauchst dich nicht immer so stur anzustellen. Kannst wenigstens ein bißchen pro forma hier essen.

Therapeut: Ja, okay. Wie ist der Vater?

Kind A: Kann ich nicht machen. Der sitzt hier wie ne Atombombe.

Therapeut: Und die Mutter macht jetzt...

Kind A: Die beschwichtigt.

Mutter: Also kommt jetzt, fangen wir an zu essen. Lassen wir den Kladderadatsch, es hat ja keinen Zweck. Nächstes Mal eßt ihr mit. Seid nicht immer so störrisch.

Vater: Jetzt müßte Kind B vielleicht noch eine...

Kind A: Soll ich Kind B auch zu Kartoffeln zwingen? Na, was ist?

Kind B: Ich brauche keine Kartoffeln.

Kind A: Aber mindestens zwei Kartoffeln werden gegessen.

Kind B: Ich eß nichts.

Kind A: Mensch Mutter, was ist denn hier los? Keiner ißt hier Kartoffeln!

Therapeut: Wie ist das so als Vater? Wie fühlt er sich an?

Kind A: Ohnmächtig, gespannt. Ohnmächtig.

Therapeut: Gespannt und ohnmächtig, wie eine Atombombe.

Kind A: Ja. Im Grunde kann er nichts machen.

Vater: Das ist richtig, was sie sagt, ich konnte nichts machen.

Therapeut: Und Kind A, wie fühlt sich Kind A an?

Vater: Da war nicht viel. Das sehe ich nicht ein, weshalb sitzen wir überhaupt am Tisch, wenn nicht gegessen wird.

Therapeut: Kind A.

Vater: Wie? Ich bin Kind A? Wie fühlt sich das an? Ich eß nichts. Ich eß nichts. Es war ja... der kann mich doch nicht zwingen, was zu essen. Was soll das? Was soll Kind A denken? Ich, ich kann mich da nicht rein...

Therapeut: Fühlen.

Vater: Fühlen. Ich kann mich da nicht reinfühlen. Das ist mir nicht möglich. Nachts wurde dann der Kühlschrank leergefressen und im Keller Gläser oder irgend etwas, es wurde aufgestanden und gefuttert. Da habe ich sie an der Treppe gestellt: »Wieso hast du das gemacht?« Und dann hat sie Angst gehabt, das zuzugeben, und hat sich irgendwie herausgelogen, was mich immer sehr geärgert hat. Wie ein Aal aus den Händen ging sie mir. Mein Gott! Da muß man doch dazu stehen, was man tut.

Diese Kühlschrankraubereien, das führte nachher dahin, daß wir den Kühlschrank abgeschlossen haben. Da kam ein kleines Schloß vor, und da die Mutter immer so sehr unzuverlässig war im Verwahren von Schlüsseln, fanden die Kinder auch immer wieder Mittel und Wege, dieses Schlüsselchen zu entdecken.

Kind B: Wir haben es abgeschraubt, das Schloß.

Die Familientherapie ist das letzte Zusammentreffen der kompletten Familie. Ergebnis ist, daß alle noch einmal bestätigt finden, daß es nicht gut gehen konnte mit uns. »Irgendwie mußte das Ding ja am Ende schiefgehen«, resümiert der Vater: »Da ist was dringewesen, das war falsch.«

Am 2. Mai 1977, dem Jahrestag meines Bellevue-Aufenthalts, verlasse ich abends durch ein versehentlich nicht verschlossenes Fenster im Erdgeschoß die Wachabteilung. Ich komme unglücklich auf und humpele mit schmerzendem Bein durch den Park. Vor der Tannegg, wo die geriatrischen Patienten untergebracht sind und ein Stockwerk darüber mein Therapeut mit seiner Familie wohnt, setze ich mich auf die Treppe und weiß nicht weiter. Ein offenes Fenster ist ein Aufruf, dem ich folgen, eine Chance, die ich nutzen muß. Ich habe die Chance verpatzt. Aber hinten aus dem Parkhaus raushüpfen und vorne wieder anklingeln will ich nicht. Weit komme ich nicht, mein Bein wird dick. Ich warte und friere, es wird Nacht. Da niemand zufällig vorbeikommt, läute ich in der Geriatrie. Einer schlaftrunkenen Schwester sage ich, ich wolle nach oben. Sie läßt mich rein. Im ersten Stock läute ich meinen Therapeuten und seine Frau aus dem Bett. Sie plazieren mich auf ihrem Sofa und widmen all ihre Aufmerksamkeit meinem geschwollenen Bein. Ich muß noch in der Nacht ins Spital nach Münsterlingen. Mit Platten und Schrauben wird mein Wadenbein gerichtet. Als ich nach ein paar Tagen einen Rollstuhl benutzen darf, rolle ich dem Ausgang entgegen und stehe gerade vor der Treppe nach unten, da läuft mir der Chefarzt über den Weg. Ich werde noch am selben Tag vorzeitig ins Bellevue entlassen. Im Begleitschreiben steht:

Die Patientin war während des ganzen Spitalaufenthaltes affektiv kaum zugänglich und pflegte sich nur in kurzen, mechanischen Fragen und Sätzen auszudrücken. Dabei drückte sie immer wieder die Absicht aus, das Spital zu verlassen, und begann dann meistens zu weinen.

Der Chefarzt empfiehlt, beim nächsten Mal die Verlegung in ein deutsches Spital in Erwägung zu ziehen. Zur Stellschraubenentfernung zwei Monate später und zur Entfernung der Platte und der übrigen Schrauben nach zehn Monaten darf ich aber wiederkommen. Ich komme schon vorher, weil mein Gips erneuert werden muß, nachdem ich damit in den Swimming-Pool im Hof der Wachabteilung gehüpft bin. Ich nerve mehr denn je meine Umgebung, will aus dem Bellevue entlassen werden, trete für zwei Wochen in den Hungerstreik, schlucke acht Wochen lang keine Psychopharmaka mehr und bemühe mich, als der Gips ab ist, sehr darum, die Wachabteilung zu verlassen und wieder in den ersten Stock zu ziehen.

Das Abteilungsteam wehrt sich dagegen. (...) Nach einem mühsamen Gespräch stellt sich heraus, daß verschiedene Mitglieder des Pflegeteams Angst haben vor der Macht von Kerstin. Aus der bisherigen Erfahrung haben sie den Eindruck, daß Kerstin mit allen spielen kann und auf dem 1. Stock mit ihrem Einzug das ganze Theater wieder losgeht.

Auf einer Stationskonferenz muß ich mein Anliegen persönlich vorbringen und begründen.

Juni 1977

Trotz des etwas flauen Gefühls in der Magengegend einiger Mitarbeiter einigte man sich darauf, Kerstin wieder aufzunehmen, im Bewußtsein, es werde nun wieder eine schwierige Zeit auf alle Mitarbeiter zukommen.

Ich bin wieder im ersten Stock und verbreite eine miese Stimmung. Einmal schneide ich mir die Haare mit einer Nagelschere kurz. Am 11.7.77 schreibt Hannes, der Psychologe:

Unter den Mitarbeitern entsteht wieder der Eindruck, daß sich in Kerstins Verhalten eigentlich nichts verändert habe. Es breitet sich eine versteckte Resignation aus, und ich bekomme manchmal Bedenken, wie weit Kerstin auf dieser Station wirklich tragbar ist.

Was treibt mich, so wie ich mir heute mich damals denke? Mich ertragen kann man nur von Berufs wegen, d.h. zeitlich begrenzt und gegen Geld. Das werfe ich euch nicht vor. Aber es beweist nun mal am deutlichsten, wie sinnlos ich bin.

Ich weiß nicht, ob ich was fühle. Es soll ja immer gefühlt werden, wahre Gefühlskünstler seid ihr, immer so nah dran am Tiefen und Echten. Ich hab das nicht. Ihr müßt nicht suchen. Ich bewundere eure prompten Tränen, beneide das herzhafte Lachen, wie ihr euch ausschütten könnt und selbstvergessen euch räkelt. Ihr führt mir mit all eurer Wärme und

Menschenliebe vor Augen, deutlicher denn je, wie weit entfernt wir voneinander sind.

Ich werfe euch die Kontrolle zu, gebe euch mein Leben in Verwahrung, ein Pfand, was ist es wert? Ich teste eure Glaubwürdigkeit, mißtraue den Sprüchen, den plumpen Ablenkungsmanövern, so billig kriegt ihr mich nicht. Ich koste 200 Schweizer Franken am Tag, das muß einen Grund bekommen. Ich kann euch nicht hassen, darf euch nicht lieben, bin sonst allein. Ich will alles, ganz, total, immer von euch, sonst gibt's niemanden.

Ich muß mich nicht schützen. Ich kann mir alles erlauben, kann böse, verletzend, direkt, zynisch, knallhart sein, vor den Kopf stoßen. Ich stoße gut und gerne vor den Kopf, freue mich an jeder Irritation, an der Unruhe, dieser so schmerzlich vermißten Dimension des Unberechenbaren, des Gewaltigen. Ich vermisse den Kampf, die Bosheit, den Schlagabtausch, die ehrlichen Siege. Es ist so langweilig, lieblich, putzig, nett, satt, gut und gemütlich, freundlich und süß hier. Ich möchte mit euch ins Nichts gucken!

Ich will euch so ratlos und verzweifelt, wie ich mich neben mir gewohnt bin. Erst dann bin ich nicht mehr allein. Ich will euch zum Aufgeben zwingen, den Beweis, daß es die Mühe nicht lohnt, mein Leben. Ich will euch aus der Fassung bringen. Ich will, daß ihr aus euren Sesseln springt, den Café au lait verschüttet, die Törtchen stehen laßt, das Plaudern einstellt. Ich will Leben bringen in dieses Tafelbild. Ich will meinen Haß auf mich mit euch teilen. Ich will euch meine Ausweglosigkeit spüren lassen, »geht da mal rein, atmet da mal hin, guckt euch das mal an, wie fühlt sich das an?«

Ich will eine Sache beherrschen, was eigenes haben, nicht vergessen werden, nicht zu übersehen sein, wirken, ein schwieriger Fall sein, euer schwierigster, euch beweisen, daß mir nicht zu helfen ist. Ich will Intensität, ein Gefühl kriegen, Spuren legen, Köder, vermißt werden, tragisch sein, nicht immer nur reden. Ich will Fakten, Taten, Konsequenzen, Abenteuer, Risiko. Ich will hier bleiben.

Ich, die Königin der Nacht, der Dämon aus dem ersten Stock, das Schreckgespenst aller Diensthabenden, ich will euch verfolgen bis in eure Träume.

Meine lebendigsten Momente sind die, wo ich ein Ende versuche, halbe-halbe meist, eine Art russisches Roulett. Ich habe dann ein Ziel, kurzfristig zwar, aber machbar. Ich muß das Gefühl haben, es könnte gelingen. Das gibt den Augenblicken davor einen neuen Glanz, es intensiviert sie, auch die Farben, das Licht, den Ton. Ich bin dann anders da, viel mehr. Es kann mir nichts mehr passieren, und ich erwarte gar nichts mehr. Ich bin leicht und frei und offen, und so kann ich mit euch spielen, nett sein, euch in Sicherheit wiegen. Ich wiege euch in meiner Sicherheit.

Manchmal mißversteht ihr mich, dann sind es keine Selbstmordversuche, sondern Abenteuer, Mutproben, Gelegenheiten, die ich unmöglich vorüberstreichen lassen kann (ein offenes Fenster, das unbewachte Medikamententablett der Station, das unvertäute Boot am See), Anflüge von Lebendigkeit. Ich schaffe es immer erst abends, davor bin ich zu leblos, meine Hausaufgaben zu machen. Das war früher schon so, damals, als ich in eine andere Schule ging. Im Bellevue präsentiere ich euch meine Ergebnisse pflichtschuldig am Abend, in der Nacht. Ich lerne schnell. Wie kann ich besser mein Bleiberecht unter Beweis stellen? Ihr habt Angst um mich? Was gibt es Schöneres? Ihr habt große Angst um mich, manchmal sogar noch, wenn ihr schon Feierabend habt. Oder wenn ich gar nicht da bin. Ihr denkt an mich. Ich liebe eure Angst. Wenn ich euch freudig meine Abenteuer erzähle, mag ich das Entsetzen in euren Augen. Es ist eine Sucht, ich will mehr davon, häufiger. Und ich koste es aus, daß ihr mir nichts tun könnt, das ich nicht schlimmer selber tue. So gut wie ihr seid, so böse werde ich nie. Wir spielen das Psychiatriespiel, gewinnen kann es keiner. Es ist eine neue Sprache, die ich gelernt habe.

Es entsteht eine vom Personal gefürchtete Dynamik auf der Station. Leid will bewiesen sein. Verzweiflungstatenranglisten stehen ungeschriebenen Gesetzen gleich im Raum. Zwanzig Schlaftabletten, das ist Wichtigtuerei, ein Piepsen, kein Schrei. Arme anritzen, Schlagader nicht gefunden? Ein bißchen albern, gab's kein schärferes Messer? Alles, was sich ohne Aufregung und Notruf beim Arzt abwenden läßt, ist ungenügend, »Thema verfehlt«. Keiner spricht das aus, alle sind freundlich zueinander. Wer getröstet werden will, findet Trost. Aber es regelt die Rangfolge. Und was wir dürfen, die Patienten, makabre Sprüche klopfen, zynisch sein, das ist dem Personal nicht gestattet, auch nicht im Ansatz. Darauf achten wir streng und strafen jede Entgleisung mit Liebesentzug bis Verachtung. Neue Praktikanten begeben sich besonders häufig auf das Glatteis der lockeren Rede und sitzen dann mit roten Ohren da, abgestraft. Wir gewähren weitere Chancen, es ist eine harte Probe. Wer durchfällt, ist verloren, wechselt die Station, den Praktikumsplatz.

Einmal ist die Stelle einer Krankenschwester neu zu besetzen. Eine Schweizerin in voller Montur mit Häubchen sitzt steif und unglücklich auf der Sofakante in unserer Sitzecke. Jakob, der eigentlich nur seine zweistündliche Zigarettenration abholen will, erkennt sofort die Situation. Er weiß, was von ihm erwartet wird, und legt los. Eine Schimpftirade, laut und locker aus der Hüfte heraus. Das Hemd fliegt nach oben und legt einen riesigen braunbehaarten Bauch frei, ein Rülpsen und freihändiges Schneuzen, eine rasante Drehung und im Abgang ein bares Hinterteil, und die Stelle bleibt vakant. Für solche Momente liebe ich Jakob. Wenn er mich in meinem Zimmer überfällt oder seine nikotinbraunen Pranken in die Kirschtorte schlägt und sich einen Brocken herausreißt, möchte ich ihn, den Obelix der Station, k.o. schlagen. Jakob gehört zum Inventar. Er war schon lange vor mir da und wird bis zur Schließung bleiben. Jakob ist ein Schatz, ein Ekel, ein Unikum, ein Gelehrter. Einmal, als ich nachts von seinem lauten Radio wach werde, öffne ich seine Zimmertüre, und er, der schwerfällige und schwergewichtige Jakob, steht noch im gleichen Moment vor Schreck senkrecht in seinem Bett, im gestreiften Schlafanzug. Wir verbringen zwei Jahre Wand an Wand, aber wir kennen uns kaum.

Lebst Du noch, Jakob? Vor zwanzig Jahren hast Du mich zuletzt angerufen in Winsen an der Luhe. Einen Fenstersturz, gebrochenen Wirbel und monatelange Unbeweglichkeit hattest Du hinter Dir und große Pläne im Kopf.

Sommer 1977. Ich schlucke seit Wochen keine Psychopharmaka mehr, unterliege einer strengen Ausgangsregelung und beginne, als mein Therapeut verreist ist, zu schweben.

Sie hatte den Eindruck, gleichsam zu fliegen. In einer gefährlichen Abgelöstheit, wie es im Rapport heißt, teile ich allen mit, daß nichts zu befürchten sei und ich alles unter Kontrolle habe. Am 1. August - dem Schweizer Nationalfeiertag, wie mir später klar wird - entlaufe ich wieder einmal und gehe stundenlang am Bodensee entlang, bis es dunkel wird. Unterwegs prüfe ich die kleineren Boote am Ufer, ob ich sie ins Wasser schieben kann. Sie sind zu schwer oder zu fest vertäut. Ich finde ein kleines Schlauchboot und in einem anderen Boot ein Kinderpaddel. Mit dieser Ausrüstung gehe ich aufs Wasser und stelle fest, daß ein Vorwärtskommen nur möglich ist, wenn ich mich zur Bootsspitze hinauslehne und mit dem Paddel herumschaufele. Meine Ziele wechseln. Erst bin ich wild entschlossen, das andere Ufer zu erreichen, Deutschland. Aber je müder ich werde und je mehr sich das Schlauchboot mit Wasser füllt, desto weniger glaube ich daran.

Und dann, als es dunkel ist, reißt ein grandioses Feuerwerk meine Aufmerksamkeit himmelwärts. Die Schweiz feiert sich, und ich sitze auf dem Bodensee und lasse diesen Zauber auf mich herabregnen. Ich beschließe, mich wieder dem näheren Ufer entgegenzuarbeiten und lande ziemlich naß am Ufergrundstück einer freundlichen englischen Familie. Sie kochen mir Tee, geben mir trockene Sachen und rufen im Bellevue an, daß man mich doch abholen möge. Diesen Ausflug habe ich, auch wenn er mit Fluchtideen einherging, als ein Abenteuer in Erinnerung. Ich komme mit Herbert zurück, Eroll läßt mir ein heißes Bad ein, und keiner schimpft. Ich werde fast wie eine Überlebende behandelt. Genieße ich das und streue in meine Erzählungen die eine oder andere Gefährdung ein? Auf jeden Fall liest sich der Stationsbericht ganz anders als meine Erinnerung:

Heute abend hat Kerstin einen gefährlichen Ausflug unternommen: Im Anschluß an eine Therapiestunde ging sie zum Bodensee, entwendete dort ein Paddelboot und ruderte auf den See hinaus. Dabei bewegte sie, wie meist in solchen Situationen, die Frage, ob und wie sie sich umbringen solle. Diese Geschichte erinnert mich an den Ritt über den Bodensee, und ich bin froh, daß sie gut ausgegangen ist, indem Kerstin, die sich vor Erschöpfung schließlich treiben ließ, ans Ufer geschwemmt wurde, wo Leute aus dem Dorf Güttingen sie völlig durchnäßt herausfischten. Wie immer in solchen Umständen hatte sie großes Glück: Die Retter nahmen sie freundlicherweise mit sich nach Hause und gaben ihr trockene Kleidung. Die Reaktion der Schwestern und Pfleger auf diesen Bootsausflug fiel eindeutig aus: Alle waren entsetzt über Kerstins zu ruhige Art, in der sie das Abenteuer schilderte und schmunzelnd unsere Ängste zur Kenntnis nahm, daß sie sich etwas angetan haben könnte.

Ab Ende August schlucke ich wieder täglich Nozinan, Entumin und Melleril, drei Neuroleptika. Der erste Stock plant eine Reise ins Tessin.

Alle außer Kerstin freuen sich darauf.

Wenn ich heute die Tessin-Fotos anschaue, ist es ein malerisch direkt am Luganer See gelegenes großes Haus, in den Berg gebaut, in dem wir zwei sonnige Septemberwochen verbringen. Im Spätsommer 1977 aber ist es ein von einer Vielzahl Insekten belagerter Ort, finster und eingeklemmt zwischen Berg und Wasser. Hunderte von fetten Spinnen begrüßen mich. Eine Terrasse, die mich voll Grauen an halbnackte Badevergnügen in sengender Sonne denken läßt, eine heile Urlaubswelt, der ich mich mit allen Kräften widersetzen muß.

Ich inspiziere das Haus und laufe davon. Ein schmaler steiler Waldpfad bringt mich, als es dunkel wird, zum Glück zu einer Pension. Ich quartiere mich ein. Dem Desaster noch einmal entronnen, den haarigen Spinnenleibern, chitingepanzerten Käfern, den Saugnäpfen, Rüsseln und Giftstacheln an diesem unwirtlichsten Ort aller Orte, einer Gefangeneninsel, Casares' Teufelsinsel verflucht ähnlich, plane ich die weitere Flucht.

Kerstin ließ sich gleich am Reisetag außerhalb der Gruppe stellen, indem sie demonstrativ das Ferienhaus verließ und abends gesucht werden mußte.

Der junge Pfleger Eroll findet mich und überredet mich, mit ihm zurückzukehren. Es werden zwei Wochen Kampf gegen Sonne, Natur und diese falsche Leichtigkeit, mit der uns das Personal zu infizieren sucht. Die Hitze macht mir in meiner schwarzen schweren Kleidung so sehr zu schaffen, daß ich auf Ausflügen umzukippen fürchte. Hinzu kommt die Wirkung der Psychopharmaka, wenn ich mir manchmal gleich die ganze Stationsration einverleibe, was angesichts der fehlenden Verschlußmöglichkeiten recht einfach ist.

Fritz, mein Therapeut, ist auch dabei. Aber wir tun so, als kennten wir uns nicht, um bloß keine Therapieatmosphäre aufkommen zu lassen. Ersatzweise gehe ich mit Dieter, dem jungen österreichischen Stationspsychiater, spazieren. Einmal begegnen wir M., der Luxemburger Nonne, deren Therapeut er ist, mitten im Wald. Ich ahne, wie sehr der Arm, den der lange Dieter mir über die Schulter gelegt hat, sie schmerzen muß. Wir reden nicht darüber. Aber es wird sich nicht wiederholen, das schwöre ich mir. M. und ich, wir sitzen in einem Boot, wir teilen im Bellevue ein Zimmer und wir hocken während der Versammlungen auf der Tessiner Terrasse winterlich vermummt auf unbequemen Klappstühlen, während die anderen sich in Badebekleidung auf Matratzen fletzen. Uns kriegt ihr nicht locker, nicht so.

17.9.77: Während des ganzen Urlaubs im Tessin verstand es Kerstin, die anderen auf sich aufmerksam zu machen, indem sie kleinere Unfälle provozierte, z.B. vor der Türe hinfiel oder Tabletten schluckte. Für viele Teilnehmer dieser Fereinwoche war eindrücklich, wie leicht Kerstin ihren Umgangsstil aus dem Parkhaus ins Tessin verpflanzen konnte. Man hätte manchmal meinen können, man befinde sich mit ihr auf dem 1. Stock im Parkhaus.

Im ersten Stock ist mich das Personal langsam leid. Es fehlt der Erfolg. Ich schlucke haufenweise Dämpfungsmittel, rattere mein allzu bekanntes Alphabet der Selbstzerstörung herunter und wehre mich vehement gegen die Zumutung, etwas zu tun. Jede Änderung gefährdet meinen Status als schlimmste Patientin, als Unheilbare, mein Recht, im Bellevue zuhause zu sein. So risikofreudig bin ich nicht, daß ich mich ins Leben werfen lasse, raussetzen aus dem einzig vertrauten Ort. Wie stellt ihr euch das vor? Aus offenen Fenstern springe ich, nachts brauche ich eine Wache und meine Bedarfsmedizin, tags jemand, der meinen Zustand einschätzt und mir mit seinem Vierkant die Tür öffnet oder besser nicht. Was ich gelernt habe in bald zwei Jahren geschlossener Psychiatrie, ist eine Menge, aber es taugt nicht, um mich damit selbständig zu machen.

4.10.77: Langsam fällt es allen schwer zu erleben, wie sich Kerstin geschickt aus allen Beziehungen raushält, zugleich aber Macht durch scharfes Beobachten ausübt. Wenn wir ihr den Vorschlag machen, mit uns zusammen eine Arbeit für sie zu suchen, verweist sie darauf, daß sie noch zuviel Angst habe, sich den Menschen zu stellen. Sie könne sich nur vorstellen, mit alten Leuten etwas zu tun. Sobald das Thema Arbeiten aber konkret wird, zieht sich Kerstin zurück und verteidigt sich mit geschickten Argumenten. Diejenigen, die Kerstin fragen, was sie denn den ganzen Tag machen würde, bezeichnet sie als verständnislose Bösewichter.

Bewegt ihr euch nicht mit eurer Absicht, konkret werden zu wollen, heraus aus eurem Kompetenzbereich? Konkret wart ihr nie. Vielleicht seid ihr es privat, aber euer Arbeitsplatz war die Welt der vagen Ahnungen, der vielfältigen Verschlüsselungen und zarten Vermutungen. Eine Welt im Konjunktiv, Möglichkeitswelt der Spinner und der Abgeschobenen, daseinsanalytisch behaucht. Für die andere Welt taugten wir alle nicht.

»Gelingt es uns«, sagte Wolfgang Binswanger, »den einzelnen Menschen als Daseinspartner anzusprechen, treten meist seine unheimlichen Anwandlungen schnell in den Hintergrund; der Betreffende nimmt dabei wahr, daß es uns nicht darum geht, ihm ein normales Verhalten aufzuzwingen. Diese unmittelbare Zuwendung eröffnet uns persönliche Erfahrungen; durch das Instrument unseres eigenen Erlebens zeigt sich uns, in welcher Weise dieses bestimmte Dasein eingeengt und wie die Lebensgeschichte dieses Menschen verkümmert oder festgefahren, ja wie die Gestalt dieses Menschen zusammengebrochen ist und welch befremdliche Formen sein Erleben nun angenommen hat. Wir müssen uns seine Erlebnisweisen zu eigen machen und allmählich zu ihm in seine Abgründe hinuntersteigen.« (Aeschbacher)

Irgendwann im Oktober besuche ich am Abend Fritz in seiner Wohnung auf dem Bellevue-Gelände. Er sitzt bei einer halbleeren Flasche Weißwein auf seinem grasgrünen Sofa und hat mir etwas zu sagen. Eine Nürnberger Klinik für Alkoholabhängige habe ihm die Leitungsstelle angeboten zum nächsten Frühjahr. Es sei für ihn als Psychologen eine ungewöhnliche Chance und auch der richtige Zeitpunkt für einen Wechsel. Die Tochter werde bald eingeschult. Aber was werde aus mir, aus der Therapie? Fritz kann sich vorstellen, daß ich mit nach Nürnberg gehe im Frühjahr, daß ich vielleicht bei ihm und seiner Familie lebe, als zweites Kind sozusagen. Alles andere, was er noch sagt in zunehmend weinseliger Stimmung, perlt an mir ab. Ich werde in seine Familie aufgenommen, das ist es doch, mehr kann ich nicht verlangen. Diese dumme und entwürdigende Begrenzung der Therapiezeit auf eine Stunde, die ich immer gehaßt habe und meist außer Kraft setzte, würde aufhören. Ich würde immer, wenn es nötig wäre, mit Fritz (den ich übrigens erst Jahre später duzte, den aber alle anderen mit Du ansprachen) reden, und seine Frau würde das nicht länger ärgern, weil wir alle unter einem Dach leben würden.

Mit dem bevorstehenden Wechsel meines Therapeuten beginnt die letzte Phase meines Schweiz-Aufenthalts. Die DAK, die bisher zähneknirschend für mich gezahlt hat - Hauptargument ist die Kontinuität der therapeutischen Beziehung, wittert eine Ausstiegsmöglichkeit, als ihr im November der Weggang des Therapeuten angekündigt wird. Rückwirkend zum 30.9.77 stellt sie ihre Zahlungen ein. Mein Vater ist aus dem Häuschen und verfaßt einen dramatischen dreiseitigen Widerspruch. Die Krankenkasse, in deren Hände er mein Leben gelegt hat, findet sich schließlich bereit, meinen Aufenthalt noch bis zum Weggang des Therapeuten zu finanzieren. Mein Vater schickt mir dieses Schreiben im Januar zu, ich soll Bescheid wissen.

Es wird eng für mich. Fritz geht, die Kasse zahlt nicht mehr, ich soll binnen kurzem nach Nürnberg springen in eine noch zu schaffende neue Existenz. Die verständnisvollen Zeiten auf der Station sind vorbei, das Personal drängt auf Veränderung. Ich kämpfe, werde - zum ersten Mal seit meiner Psychiatrisierung - krank, vergifte mich auch mit Schlaftabletten, halluziniere sporadisch und »jage Angst ein«. Die Mitarbeiter schreiben:

12.12.77: Im 1. Stock herrschen wegen Kerstin starke Spannungen. In der Gruppentherapie spielt Kerstin eine wichtige Rolle, indem sie sehr geschickt Beobachtungen einbringt und so für andere sehr viel übernimmt und Schwerarbeit leistet. Dies bringt ihr viel Respekt und eine Führungsstellung ein. Kerstin entwickelt eine meisterhafte Technik, die ungelebten, bösen Seiten der Mitpatienten einzusammeln und ihnen Leben zu geben.
17.1.78: Kerstin hatte nach Auskunft von Herbert um ca. 16.30 Uhr 3 bis 4 Röhrchen Betadorm geschluckt mit einem halben Liter Wein, daraufhin sich bei Herbert gemeldet, der sie dann in somnolentem Zustand in die Klinik brachte. Kerstin wurde ins Kantonsspital Münsterlingen überführt, wo ihr der Magen aus-

gepumpt wurde, sie nachts intubiert werden mußte. Bleibende Ausfallerscheinungen konnten bisher keine festgestellt werden.
2.2.78: Als ich von einem Cafébesuch um 22.15 Uhr auf den 1. Stock zurückkehre, sagt mir der Pfleger, daß es Kerstin schlecht gehe. Ich finde sie auf ihrem Bett, den Rücken eng an die Wand gedrückt, auf einem kleinen Platz zusammengekauert. Sie schreit schluchzend: »Weg von mir. Ihr dürft mich nicht töten, es tut mir so weh, eure Augen wie Pfeile in meinem Rücken.« Ich setze mich zu ihr und sage, daß ich allein bei ihr bin, sonst sei niemand hier. Ich frage sie, was denn passiert sei. Sie erzählt: »Erst war ich ganz allein da, kein Mensch um mich herum. Alle waren schon in ihren Zimmern. Ich war ganz alleine in diesem großen kahlen Saal. Dann kamen langsam Leute, ich konnte nur ihre Augen sehen, die auf mich gerichtet waren, mich durchbohrten. Die Menschen kommen immer näher, immer noch mehr, sie wollen mich umbringen.« Dann schreit sie auf: »Warum wollt ihr mich umbringen? Ich habe euch nichts getan!«

Einmal gehe ich allein in »Le grand départ«, eine Pantomime von Peter Wyssbrod, der in Kreuzlingen gastiert. Er steht auf dem Bahnsteig, wartet auf den Zug und schichtet dabei auf tausenderlei Arten einen großen Stapel Koffer um. Mal wuchtet er sie wie Zentnerlasten, mal fliegen sie wie Bälle durch die Luft. Meist steht er aber nur da und wartet, geduldig, ernst, nervös, gedankenverloren. Er wartet in allen Variationen. Es ist schön, unsichtbar im dunklen Zuschauerraum zu sitzen und gleichzeitig so wenig allein zu sein wie selten.

18.4.78: Wir lassen Kerstin nun seit ein paar Wochen öfters nach Deutschland fahren, damit sie sich an das Leben außerhalb einer Klinik gewöhnen kann. Auffällig ist aber, daß wir sie alle nur mit Sorge ziehen lassen. Die meisten von uns sind unsicher, was sie wohl anstellen mag. Kerstins Therapeut meinte in einem Gespräch, er sei überzeugt, daß sie über die Suizidalität hinweggekommen sei. Seiner Ansicht nach bräuchten wir nicht so ängstlich zu sein. Dem steht jedoch die größere Sorge von Dr. Binswanger entgegen, dem es nicht geheuer ist, daß wir Kerstin alleine nach Deutschland fahren lassen. Was Kerstin in diesem Monat beschäftigt, kann am besten durch einen Auszug aus einem Pflegerapport verdeutlicht werden: »Kerstin ist den ganzen Nachmittag zurückgezogen in ihrem Zimmer gewesen. Abends möchte sie unbedingt eine Spritze Entumin haben. Ich bin nicht einverstanden, schlage ihr dafür einen Spaziergang vor. Nach längerem Schweigen bricht es plötzlich aus ihr hervor: Sie wisse überhaupt nicht, wie es jetzt weitergehe. Es sei in ihrer Familie kein Geld mehr vorhanden für eine Therapie. Die Krankenkasse wolle nicht mehr zahlen. In zwei Monaten müsse sie das Bellevue verlassen, sie wisse nicht wohin. Eigentlich fühle sie sich nur wohl in ihrem Bett.«

Die Psychotherapie von Kerstin steht seit längerem unter dem Aspekt der Ablösung. Ihr Therapeut versucht, sich zu distanzieren, wobei wir den Eindruck bekommen, daß noch viele Unklarheiten bestehen. Es war geplant, daß Kerstin in die Nähe ihres Therapeuten in eine Wohngemeinschaft ziehen soll.

Es ist der 1. Mai 1978. Mein Therapeut tritt heute seine Stelle in Nürnberg an. Ich bin morgen zwei Jahre im Bellevue. In Nürnberg habe ich mit Fritz ein Übergangsheim besichtigt, aber die Wohnungsbesichtigungen macht er allein. Ich muß im Auto warten, einmal kotze ich ihm die Sitze voll. Kotze ich ihn an? Er will mich abschieben in eine bewachte Einrichtung, damit ich ihm nicht zur Last falle außerhalb der Therapiestunde. Wer soll die bezahlen? Erinnert er sich noch an sein weinseliges Versprechen? Möglicherweise beschäftigen mich auch ganz andere Gedanken an diesem 1. Mai, als ich abends an den Bahngleisen entlangwandere in die dunkler werdende Landschaft. Ich habe seit gestern Ausgang nur mit Personal, aber irgendwie ist es mir gelungen, allein draußen zu sein. Ich habe einen Entschluß gefaßt, und in solchen Momenten strahle ich eine große Ruhe und Zuversicht aus und kann mühelos jeden von meinem ausgeglichenen Gemütszustand überzeugen. Ich habe beschlossen, mich von einem Zug überrollen zu lassen. Der Zug rollt, er rollt ohne mein Zutun, er wird mich überrollen. Das ist meine Situation. Ich habe die Antwort gefunden.

Ich gehe die SBB-Strecke zwischen Kreuzlingen und Ermatingen ab und suche mir eine Stelle, die einsam genug gelegen ist, daß niemand mich von der Straße oder einem Haus aus sehen kann, die auch für den Lokführer nicht von weitem sichtbar ist, aber genausowenig direkt im Verlangsamungsbereich einer Kurve liegt. Es ist inzwischen dunkel genug. Ich lege meine Beine auf die Schienen und warte. Ich höre den Zug, spüre ihn mir entgegendonnern. Vielleicht denke ich an den »Bahnwärter Thiel« von Gerhart Hauptmann, den wir im Deutschunterricht besprachen und von dem mir diese ungeheure unaufhaltsame Wucht in Erinnerung ist. Ich erinnere mich nicht. Unscharf habe ich die schwarze Lok über mir vor Augen, die hohen Stufen zum Führerhäuschen und die Einfahrt in Kreuzlingen, wo Luigis Mutter auf ihren Zug wartet und mich stattdessen zurück ins Bellevue bringt. In meiner Erinnerung ist alles stumm. Aber ich denke, daß das abrupte Bremsen, die Aufregung des Zugpersonals und der Passagiere wie auch der Tumult am Bahnhof einige Geräusche mit sich brachten.

Dr. Binswanger schreibt am nächsten Tag einen Dankbrief an den Lokführer. Ich erzähle auf die übliche Art meine Erlebnisse und ernte Ärger:

Kerstin setzte sich gestern abend in der Nähe des Bahnhofs Kreuzlingen auf die Schienen, so daß ihre beiden Beine ausgestreckt über die Schienen zu liegen kamen. Sie erwartete den nächsten auf sie zufahrenden Zug. Sie hatte auch diesmal einen Schutzengel: Der Lokomotivführer konnte trotz einer gewissen Unübersichtlichkeit im Gelände den Zug rechtzeitig zum Stehen bringen – nach anderen Schilderungen sehr knapp, hob das nun erschrockene und verstört wirkende Mädchen in den Führerstand, fuhr zum Bahnhof Kreuzlingen und übergab sie dem Bahnhofspersonal. Dazu der Bericht eines Pflegers vom 2.5.: »Kerstin erzählte mir heute in den schillerndsten Farben ihren Verstümmelungsversuch von gestern abend. Dabei leuchteten ihre Augen, sie strahlte. Je mehr sie strahlte, desto wütender wurde ich selber.«

Andrea, der Praktikantin, einer schönen eleganten Baselerin, begegne ich lange mit Skepsis. Sie setzt sich über die Spielregeln des 1. Stocks hinweg. Statt einfach abzuwarten und geduldig hinzuhorchen, erledigt sie in der Sitzecke am Treppenaufgang ihre Schreibarbeiten auf einer kleinen, aber lauten Maschine und schneidert Decken in unseren Räumen. Lauter Sachen, die mit uns nichts zu tun haben. Ich finde sie ungehörig und störend, eine Besatzungsmacht auf langen Beinen in lächerlich zarten hochhackigen Riemchensandalen. Gerne sähe ich ihre heile Haut an irgendeiner Stelle aufplatzen, eine Verunsicherung, ein Straucheln. Sie sprengt mit einer dreisten Selbstverständlichkeit den Rahmen und bezaubert dazu noch das männliche Personal.

Die vielen namenlosen Praktikanten, die im Halbjahresrhythmus durch die Station geschleust werden, sind typischerweise jung, männlich, studieren Psychologie und tragen einen dünnen Bart. Sie kauern gerne in Latzhosen mit verschränkten Beinen auf dem Boden und sprechen, wenn überhaupt, nur zögerlich und leise. Am liebsten konsumieren sie und werden nie satt, denn es sind ausgemergelte, blasse Persönchen, die mit Leben anzufüttern eine unendliche Aufgabe ist. Die üblichen Praktikanten sind ein willkommenes Testpublikum, aber kein Gegenüber.

Andrea ist komplett anders. Ich werde sie noch schätzen lernen, mit ihr Einkäufe erledigen und mir von ihr Literatur ausleihen. Sie wird mir die Adresse des Schweizer Schriftstellers geben, der verrückt und böse genug schreibt und bei meiner Ablösung von der Psychiatrie eine wichtige Rolle spielen wird als das Phantom. Wir beginnen mit einem Spaziergang:

2.5.78: Nachdem sich Kerstin heute morgen noch geweigert hatte, mit mir spazieren zu kommen (»Dann müßte ich dich erst besser kennen«), fragte sie heute nachmittag selbst danach. Weil es strömend regnete, setzten wir uns in ein Café. Nach einigen Anfangsschwierigkeiten (ich erlebte es als eine Mischung von »Mir bedeutet hier niemand etwas« und »Wie es mir geht, ist euch allen egal«) konnten wir zusammen über Fritz' Weggang sprechen. Kerstin fühlt sich offenbar sehr verlassen von ihm, zumal sie jetzt nicht einmal seine Adresse weiß. Sein Versprechen, am Wochenende zu kommen, sie evt. nach Nürnberg mitzunehmen, ist für sie zwar eine Art Unterpfand. Aber sie weiß nicht, ob sie die Kraft dazu haben wird, das Bellevue zu verlassen, in Nürnberg eine gute Wohnmöglichkeit zu finden, nicht einmal ob man sie von hier weggehen läßt. Dann assoziiert sie zu ihrem Versuch gestern, ihre Beine zu verlieren: »Fritz hat mir gesagt, er würde mich nicht nach Nürnberg tragen. Ich müßte schon auf meinen eigenen Beinen gehen.« Sie glaubt, daß sie (Fritz) zeigen wollte, wie hilflos sie im Grunde ist. Wie gerne sie doch hätte, daß sie wie ein Kind getragen wird.
Beim Nachhausegehen sage ich, daß mich ihre Bitte, mit mir spazieren zu gehen, gefreut habe. Sie darauf lachend: »Ich hab gedacht, irgendwann müssen wir ja mal anfangen.« Den ganzen Heimweg vergnügliches Reden über die Ehefrauen von Therapeuten, wie sie oft ganz anders sind, als man sie sich vorstellt. Die von Fritz habe sie sich ganz zart und gefühlvoll vorgestellt, in Wirklichkeit sei sie solch ein Besen...

Irgendwann in diese Zeit zwischen Ende März und Anfang Juli fällt das Unglück von Annemarie. Sie ist eine junge Österreicherin, Ehefrau und Mutter zweier Kinder, die viel jammert, aber auch fröhliche Momente hat. Einmal kommt sie pitschnaß von einem Regenspaziergang zurück und ist ganz ausgelassen. Sie fährt gerne Ski, sehnt die Besuche ihrer Familie herbei und befindet sich, was das Ausmaß des Leidens angeht, oft in Konkurrenz zu mir. Anfang 1980 schreibe ich dem Schweizer Schriftsteller, meinem Phantom, von Nürnberg aus meine Gedanken zu den Toten und Verstümmelten der Psychiatrie:

Liebes Phantom,
Ich habe dasselbe Fenster benutzt wie Annemarie dann. Aber sie ist gelähmt. Sie hatte in der Gruppe gesessen und geheult, weil ihr Mann und die Kinder nicht kommen durften. Ich habe nicht ausgehalten, wie sie heult, und bin rausgegangen. Sie ist hinter mir her gelaufen. Aber ich habe mich nicht umgedreht und bin in mein Zimmer gegangen. Sie sprang aus dem Fenster nebenan. Als sie unten war, hat sie in einem fort geschrien, ohne Luft zu holen. Ich habe gedacht, auf dem Bahnhof schreit ein Kind, das in Gefahr ist. Ich bin im Bett geblieben, weil ich es nicht geglaubt habe. Dann ist Andrea reingekommen und hat gesagt, es ist Annemarie
Schuldig ist nicht das richtige Wort, aber auf irgendeine Art fühle ich mich mitverantwortlich. Hätte ich mich doch nach ihr umgedreht. Ist es Teil unseres Wettkampfs, daß sie springen mußte? Bin ich schuld, weil ich heil davongekommen bin? Warum ist sie, die so viel zu erledigen hat und sich so gerne bewegt, gelähmt? Warum nicht ich?

Zweimal im Mai und einmal im Juni begleite ich Fritz, der die Wochenenden bei seiner Familie im Bellevue verbringt, im Anschluß nach Nürnberg. Ich wohne in einem Zimmer des Nebentrakts der Suchtklinik, die er jetzt leitet. Manchmal laufe ich über die Felder, die sich ringsum erstrecken, meistens warte ich. Warten auf Fritz, das ist eine vertraute Beschäftigung. Schon im Bellevue ließ er gerne offen, wann er käme. Ich war ja immer da. So ist es auch hier. Mein Status ist unklar, vom Personal werde ich freundlich behandelt, aber auch skeptisch: Bin ich eine Marotte ihres neuen Chefs, eine Altlast, ein Abschiedsgeschenk der Psychiatrie, eine uneheliche Tochter, die neue Nebenbeschäftigung? Die Patienten, alles Männer, sind höflich und vorsichtig. Ich fühle mich wie Falschgeld. Wenn Fritz Zeit hat, fahren wir in die Stadt. Er besichtigt alleine die Wohnungen, zusammen gucken wir ein Heim an, aus dem Fritz wegen der vollgedröhnten Bewohner davonrennt, und eine Land-WG, die ich entsetzt verlasse, weil die Insekten mich aus allen Winkeln angrinsen. Mitte Juni setzt Fritz einen Schlußpunkt. Er schreibt in seinem Abschlußbericht:

Sie schien mir immer in bezug auf größere Beweglichkeit der doppelten Schwerkraft zu unterliegen. Ich versuchte, eine Wohngemeinschaft oder eine andere therapeutische Einrichtung in der Umgebung von Nürnberg zu finden, wo Kerstin in der nächsten Zeit hätte leben können. Mir war klar geworden, daß ich mit diesem heftig agierenden Mädchen nur dann in therapeutischem Kontakt bleiben könnte, wenn es in einer Gemeinschaft aufgehoben wäre und sich entfalten könnte. Ich bot ihr eine Gemeinschaft mit psychiatrischer Betreuung - sie lehnte ab, ohne psychiatrische Betreuung - sie lehnte ab, und ich bot ihr an, sich selbst von Nürnberg aus etwas Geeignetes zu suchen. Erst beim dritten Mal fiel mir auf, daß es Kerstin nicht so sehr um die Art des Ortes, wo sie leben konnte, ging, sondern daß es ihr um Geborgenheit ging, die sie mit mir, mit der Psychiatrie verband. Mir fiel da der Sinn jener Aktionen auf, mit denen sie mich ärgerte, wenn sie zu Besuch in Nürnberg war: Sie brachte jedesmal von der Klinik eine vorsorgliche Ration an Medikamenten mit, die sie jedesmal vorzeitig und zur Gänze auf einmal einnahm. Beim letzten Mal sprach (agierte) sie dermaßen ausführlich, wie man vergleichsweise sich nur an einen Begriffsstutzigen wendet. Sie bat mich am Vortage, ihre Medikamente aufzubewahren, damit sie nicht dem Drang nachgeben könne, sie vorzeitig alle zu nehmen. Am Tage bat sie mich dann um den Schlüssel zu meinem Zimmer, wo ich ihre Medikamente aufbewahrte, damit sie sich ihre Tagesration nehmen könne. Auf meine Frage, ob sie wohl alle nehmen wolle, sagte sie, das sei ja keine tödliche Dosis. Ich gab ihr den Schlüssel und mußte dann für ein paar Stunden wegfahren. In der Zwischenzeit hatte sie alle Medikamente genommen, in der Schweiz die Klinik angerufen und dieses mitgeteilt und einen Mitarbeiter der Klinik veranlaßt, andere Mitarbeiter von mir in meiner Abwesenheit von dem Vorfall zu informieren. Zur Sicherheit hatte sich Kerstin selbst zum Finden bereit irgendwo öffentlich hingelegt. Kurz, das klappte alles prima. Als ich nach einigen Stunden zurückkam, hörte ich, daß Kerstin in der Klinik sei, fuhr nach ein paar weiteren Stunden mit Zorn im Leibe dorthin und fand das Mädchen in einem Käfig liegend mit ausgepumptem Magen vor, voller Schuldgefühle und bereit, sofort mit mir zurückzukehren. Ich schickte Kerstin damals in Begleitung in das Sanatorium Bellevue zurück und betone seither, daß ich nur dann mit ihr weiterarbeiten könne, wenn sie auf die Psychiatrie verzichten kann. (...) Einstweilen werde ich weniger für Kerstin tun, wenn ich mich auch weiterhin sorgen werde. Ich hoffe, ich kann ihre Wahl - welche es auch immer sei - respektieren.

Dem voraus geht die Einschätzung von Fritz:

Kerstin hat, soweit ich es sehe, ihre suicidale Phase hinter sich. Das heißt, wenn sie sich jetzt aufgibt, dann wird sie entweder eine chronische psychiatrische Patientin oder sie wird sich töten.

Fritz gibt mich frei, er läßt mir die Wahl und macht seinen Frieden mit ihr, welche es auch sei. Er will nicht mehr kämpfen, denke ich, nicht um mich. Nürnberg ist für mich gestorben, oder soll ich mir selbst etwas suchen auf dem freien Wohnungsmarkt, ich, ein weltfremdes Nichts ohne Aufgabe und ohne Geld, gezeichnet von dreißig Monaten Psychiatrie, von maßloser Angst? Fritz wußte, daß ich diese Wahl gar nicht habe. Aber statt zu sagen: »Geh zum Teufel, ich hab genug für dich getan, du unersättliches und nerviges Monster!«, statt dessen sagt der Psychologe: »Ich hoffe, ich kann ihre Wahl - welche es auch immer sei - respektieren«, ganz im daseinsanalytischen Sinne, wo man staunig danebensteht, aber bloß nicht konkret wird, nicht eingreift in dieses Leben, das sich von selbst erledigen soll.* Einige Monate später werde ich Fritz ein Märchen schreiben.

Es ist Juni 1978, für Fritz tritt mein Vater auf den Plan. Er schreibt einen dringlichen Brief an Dr. Binswanger, den Durchschlag schickt er mir: die DAK habe ihre Zahlungen eingestellt, eventuell sei sie noch bereit, den laufenden Monat zu tragen. Dann müsse ich spätestens und sofort weg aus der Schweiz, Geld habe er keines, denn er habe gerade ein großes Gutshaus gekauft, das er schlecht untervermieten könne.

Das ist die Situation. Kerstin müßte demzufolge sofort dort fortgehen, um entweder zu ihrer Mutter nach Mainz oder zu mir zu kommen.

Er fragt an, ob man mich für eine kurze Zeit kostenfrei im Bellevue behalten könne:

Kerstin wollte Sie darauf noch einmal ansprechen. Bitte, sehr geehrter Herr Dr. Binswanger, lassen Sie mich doch möglichst umgehend wissen,

* Ludwig Binswanger gab der 33jährigen Ellen West die »Diagnose einer fortschreitenden schizophrenen Psychose« und riet ihrem Ehemann zu seiner und dessen Absicherung zu einem Konsilium mit Eugen Bleuler und einem weiteren Psychiater: »Da klar war, daß die Entlassung aus der Anstalt den sicheren Suizid bedeutete, mußte ich dem Manne im Hinblick auf seine Verantwortung raten, (...) ein Dreierkonsilium zu veranstalten.« Die Kollegen stimmen seiner Diagnose und seiner vernichtenden Prognose zu. Ellen West wird entlassen, drei Tage später tötet sie sich. Binswanger: »Daseinsanalytisch betrachtet war der Selbstmord Ellen Wests sowohl ein Akt der Willkür als ein notwendiges Ereignis. Beide Aussagen gründen in der Tatsache, daß das Dasein im Falle Ellen Wests reif geworden war für seinen Tod, mit anderen Worten daß der Tod, dieser Tod, die notwendige Erfüllung des Lebenssinnes dieses Daseins war.«

Das Märchen vom alten Wahrsager

Wollt ihr erst einmal wissen, was das eigentlich ist, ein Wahrsager? Ein Wahrsager ist ein Mensch, der etwas Wahres sagt oder von dem es erwartet wird. Was er sagt, war nicht wahr, es wird erst wahr. Und dies unbedingt und unabwendbar. Auf alle Fälle kommt der, dem einmal gewahrsagt wurde, nicht mehr von dieser seiner Zauberformel mit ihrer magischen Anziehungskraft los.

Unser alter Wahrsager, dessen allem zum Trotz doch eher strenges Gewissen ihm mit der Zeit verbot, weiterhin ausschließlich Schicksale zu bestimmen, und der auch den leisen Wunsch hegte, endlich einmal all seine Kräfte auf sich selbst und seinen ureigensten Lebensraum zu konzentrieren, dieser Wahrsager zog von einem Tag auf den anderen, schwer beladen mit allerhand kostbarem Zaubertrank, fort aus dem lieblichen Schloß, in dem er gewirkt und vieles gewagt hatte, über unendlich lange Wege in den tiefsten Wald, den unsereiner wohl nie betreten wird.

Der Wahrsager hatte sich schon früher sehr um Beziehungen zu den Waldbewohnern, den Tieren, bemüht, wenn auch aus der Ferne, denn es schien ihm, daß einzig sie ihm etwas Neues zu sagen hätten. Was haben die Bewohner des Waldes dem Wahrsager zu sagen? Ihre Blicke und Bewegungen, von den kaum wahrnehmbaren bis zu den allerwildesten, sind ihre unverfälschte Sprache. Sie kennen ihre Wahrheit schon, wissen vielleicht noch nicht, ob sie heute gejagt und gefressen werden oder morgen erfrieren müssen. Aber doch so viel, daß sie diesen Winter, selbst den ersten Frost, nicht mehr erleben werden.

Sie leben gleichgültig, als gelte es das gleiche, und doch nie mutlos. Immer unter Einsatz all ihrer Kräfte den Moment ausnützend, ihn bis auf den letzten Tropfen ausschöpfend, haben sie vom Wahrsager nichts mehr zu lernen. Sie brauchen ihn nicht, für alle Zukunft nicht.

Nur unter ihnen kann der Wahrsager in den Ruhestand treten, den wohlverdienten. Er suchte sich also Unterschlupf in einem dicken, knorrigen, vom Blitz gehöhlten Baumstamm. Er richtete sich dort ein mitsamt den wertvollen Fläschchen, die in Trinkbares verwandelt das

enthielten, was er als Lohn für seine jahrelange aufopferungsvolle Arbeit erhalten hatte. So standen auf den kleinen Gefäßen Namen wie Verstandeseiswürfel, schwarzer Humorsirup, Distanzdisteltee, Mitleidohneschmerzpillen (tränenwasserlöslich) usf.
Ausgestattet mit diesem ungeheuren Schatz menschlicher Möglichkeiten, außerdem einer recht abgenutzten Selbstwerttafel, auf welcher analog den bei uns üblichen Kalorientafeln der Bedarf an Wärmeeinheiten und deren bekömmlichste Zusammensetzung am Morgen und die erreichte Annäherung an das optimale Soll am Abend sorgfältig einzutragen waren, lebte der Wahrsager recht sorglos und zufrieden sein Leben, ungestört von selbstsüchtigen Plagegeistern, von Hilfeheischenden und Klagekreischenden.
Er lebte in Harmonie mit sich und den übrigen Bewohnern des Waldes, bis eines Tages ein grauer Vogel aus heiterem Himmel vor der Höhle des Wahrsagers auf den harten Erdboden herabfiel und sich nicht mehr rührte.
Er war lachhaft klein für diesen Wald, kam wohl von weit her und hatte keine Flügel mehr. Die beiden Füchse, die ihn beim Spielen entdeckt hatten, stellten ihm viele Fragen, ohne Antwort zu erhalten. Da wußten sie sich keinen Rat. Nicht schlau genug selbst sie, weckten sie den alten Wahrsager auf und konnten ihn schließlich bewegen, aus seiner Höhle hervorzukriechen.
Der Wahrsager warf einen flüchtigen Blick auf den Vogel und sagte, leicht verärgert, zu den beiden Füchsen: »Was stört ihr meinen Schlaf? Der Vogel ist doch tot.« Das sieht der Vogel, aus seiner Ohnmacht erwachend, ein und stirbt.

ob das möglich ist, denn sonst müßte meine Frau oder ich Kerstin sofort bei Ihnen abholen.

Am 2. Juli kommt meine Mutter, um Nägel mit Köpfen zu machen. Eine Besprechung wird einberufen, an der neben ihr Wolfgang Binswanger, der Stationspsychiater Dieter, der Psychologe Hannes, die Beschäftigungstherapeutin Gaby und ich teilnehmen. Dieter und Hannes sind überzeugt, daß ich gar keinen anderen Ort finden will. Dr. Binswanger fragt mich, wo ich denn hinwolle, in eine Psychiatrie oder therapeutische Gemeinschaft, und an welchen Ort, wenn nicht Nürnberg? Ich bin froh, daß er fragt und daß er so ungewöhnlich konkret fragt. Lieber in eine therapeutische Einrichtung, sage ich, nicht in der Nähe von Lüneburg oder Mainz, den Wohnsitzen meiner Eltern, und kosten dürfe es nicht viel. Das Gespräch wird genau protokolliert.

Es wird beschlossen, daß ich mit Hilfe des Personals nach einer neuen Übergangsmöglichkeit und einer finanziell günstigeren Unterkunft im Bellevue oder Umgebung suche und stundenweise im Bellevue-Wirtschaftstrakt arbeite. Den Juli darf ich als Gast im ersten Stock bleiben, nur die Therapien werden verrechnet. So bin ich ganz direkt am wirtschaftlichen Untergang des Sanatoriums beteiligt. Wieviele Gäste gibt es außer mir noch? Ich bin zufrieden mit dem Ergebnis der Besprechung. Es scheint klar, daß weder Vater noch Mutter mich einfach abholen werden. Ich putze im Hauptgebäude, gerate aber beim Polieren der großen Fenster im oberen Stockwerk so sehr ins Grübeln, daß die Sache erst mal abgeblasen wird.

Am 13.7. notiert Hannes:

Es stand seit einiger Zeit fest, daß Kerstin Mitte Juli unsere Klinik verlassen kann und in die Psychiatrische Klinik Häcklingen verlegt wird.

Mir ist bis heute unklar, wie diese Entscheidung gefällt wurde, widerspricht sie doch in allen Punkten den erst zehn Tage zurückliegenden Beschlüssen. Weil mein Vater neuerdings im Versorgungsgebiet der Psychiatrie Häcklingen lebt, im Landkreis Uelzen, werde ich also gemeindenah untergebracht in einer Psychiatrie, was ich nicht wollte, und in der Nähe meines Vaters, was ich am allerwenigsten wollte. Hannes notiert weiter:

Ich habe das Abteilungsteam gewarnt und gebeten, auf Kerstin in den letzten Tagen doppelt aufmerksam aufzupassen. Mein Gefühl sagt mir, daß Kerstin in den letzten Stunden ihres Aufenthaltes noch beweisen muß, was sie alles kann. Ich hoffe aber, daß sie auch für diese Zeit einen Schutzengel haben wird, der einen allzu akrobatischen Höhepunkt verhindert. – Am Abend erfuhr ich von folgender Geschichte: Heute morgen trafen Mitpatienten Kerstin hilfeschreiend am Balkongitter des 1. Stockes hängend. Sie hielt sich mit beiden Händen krampfhaft fest, Körper und Beine an der Außenseite.

Ich erinnere mich noch recht deutlich an diesen langen Moment, den ich da draußen hänge und doch nicht loslassen will. Ich rufe einem jungen, bärtigen Mann, der in gebeugter Haltung seine gemächlichen Runden auf dem langen Flur dreht, zu, er möge doch Hilfe holen. Es ist eine komische Situation: Ich hänge am Gitter und weiß nicht, wie lang ich mich da noch halten kann, bin also gewissermaßen in Eile, und der mit Psychopharmaka zugedröhnte Mann schlurft mir roboterartig im Zeitlupentempo mit einer Seelenruhe entgegen, hört mich an und trottet ebenso gemächlich wieder von dannen. Immerhin findet er einen Pfleger, der mich nach einer kleinen Unendlichkeit hochzieht. Sechs Tage später verlasse ich das Bellevue.

Am Vorabend wollte Kerstin zum Abschied eine handfeste Sauferei veranstalten auf dem 1. Stock. Es verlief glimpflicher, als sie es sich selbst gewünscht hatte.

Von Dieter verabschiede ich mich mit einer ewiglangen Umarmung, die möglich wird, weil sie garantiert folgenlos ist. Andrea, die mir am Nachmittag noch das Backen von Blätterteigstangen beigebracht hat, schenkt mir eine kleine versilberte Schildkröte. A. und M. verspreche ich zu schreiben. Es ist ein langer und trauriger Abschied.

Am nächsten Morgen um 4 Uhr werde ich im Bellevue-eigenen Wagen mit Kindersicherung nach Norddeutschland gebracht. Ruedi, der Sohn von Wolfgang Binswanger, der sich gerade mit Nachtdiensten im Bellevue etwas dazuverdient, begleitet mich. Sein Vater steht frühmorgens am Auto, gibt Ruedi eine Kanne Früchtetee mit auf den Weg und mir seine guten Wünsche. Hannes schreibt abschließend am 19.7.:

Für mich stellt sich die Frage, wie groß das Loch werden wird, das Kerstin durch ihren Weggang vom 1. Stock zweifellos hinterlassen wird. Seit einigen Wochen habe ich in der Gruppentherapie versucht, diesem Loch-Effekt etwas entgegenzusetzen. Mit dem Abteilungsteam zusammen versuchte ich, anderen Patienten behilflich zu sein, ihre eigenen Stärken bzw. Führungsrollen und Wünsche in der Gruppe leben zu können. In der Hoffnung, daß dadurch in der Gruppendynamik Gegenkräfte möglich werden, die verhindern können, daß mit Kerstins Weggang die ganze Patientengruppe »auseinanderspritzt«.

Bellevue,
April 1980

Die erste Teamsitzung seit Kerstins Weggang zeigte verschiedene Stimmungen bei den Mitarbeitern. Einige fühlen vor allem Entlastung, andere können sich gar nicht vorstellen, wie es ohne Kerstin weitergehen soll; d.h. sie haben sie innerlich noch gar nicht ziehen lassen. Sie behalten Kerstin so lebendig in ihrer Erinnerung, daß man glauben könnte, Kerstin hätte es zum Abschied fertig gebracht, einigen Mitarbeitern zu suggerieren: Ich gehe ja eigentlich nicht weg, das Ganze ist nur eine Übung.

Vielleicht denke ich das: Es ist nur ein Ausflug. Solange ich im Schweizer Wagen hinten neben Ruedi sitze, von seinem Tee trinke und zum Schlafen meinen Kopf auf seine Beine bette, so lange gehöre ich noch dazu.

Keine zwei Jahre später, im Frühjahr 1980, besuche ich ein ausgestorbenes Bellevue und mache Fotos in einem verwunschenen Park.

Auf der Hochglanzbroschüre 1979 von schwebt unter dem Titel: »Dr. Binswanger Sanatorium Bellevue, Kreuzlingen am Bodensee« eine weiße Wolke auf poolblauem Himmel. Keine Villa, kein Park, nicht Kreuzlingen – eine Wolke. Hat Dr. Wolfgang Binswanger, der in der vierten Generation die Privatpsychiatrie von 1956 bis 1979 leitete und dann in das benachbarte Hochhaus zog, seinen Blick aus dem neunten Stockwerk nicht nach unten auf das grüne Meer des Sanatoriumsparks gerichtet, sondern sich auf einer Wolke davongemacht?

Die Werbebroschüre sollte ein letzter Versuch sein, eine Einrichtung zu retten, die sich in 120 Jahren von einer »Privatanstalt für heilfähige Kranke und Pfleglinge aus den besseren Ständen der Schweiz und des Auslandes« (Ludwig Binswanger 1957) zur daseinsanalytisch geprägten therapeutischen Gemeinschaft gewandelt hatte.

Statt der geplanten Sanierung und Modernisierung wird das Bellevue Ende März 1980 geschlossen; aus wirtschaftlichen Gründen, aber auch wegen der Zwistigkeiten innerhalb des Binswanger-Clans und wegen eines Konzepts, das sich selbst überholt hat.

Wenigstens zum Teil hat sich die Klinik nun ihr eigenes Grab geschaufelt. (Aeschbacher)

Eine Klinik, die von den irren Reichen aus aller Welt lebt, kann es sich kaum erlauben, Gemeindenähe und Familienkontakte in ihr Programm aufzunehmen. Das Bellevue tut es, sympathisch suizidal:

Doch kann der Mensch nicht in Isolation von seiner Familie und sozialen Umwelt verstanden und behandelt werden. Wo es sinnvoll erscheint, wird eine Familientherapie angebahnt.

An der Werbebroschüre wird schon seit dem Frühjahr 1977 gebastelt. Fett und von viel Luft umgeben prangen Sätze darin wie:

1979

Im Bellevue werden alle
Stunden des Tages
therapeutisch gestaltet.

Gerade die Zeit, die vielen leeren Stunden über Jahre...

Der Beitrag der Daseinsanalyse zur Psychotherapie beruht auf ihrem Offensein für den ganzen Menschen, auf der Partnerschaft oder Begegnung mit dem Kranken und auf ihrer der natürlichen Erfahrung entnommenen Sprache. (Ludwig Binswanger 1958)

Gerade die Sprache, diese vage, die sich lieber auf Ahnungen und Gefühle berief als auf Fakten...

Die Gebäude mit ihrer langen Tradition und baulichen Standfestigkeit spenden Sicherheit und Geborgenheit.

Gerade das Parkhaus wird zehn Jahre später einstürzen. Der erste Käufer des Bellevue wird kurz nach dem Kauf mit dem Hubschrauber abstürzen.

Parkhaus, Juli 1989

Der großzügige Park, dessen hochragende Bäume zum Teil 120 Jahre alt sind,

wird vernichtet sein, meterdicke Baumriesen werden abgesägt am Boden liegen.

Was heißt es, frage ich mich heute, immer am Ende dabeizusein? In welchem Zusammenhang steht mein eigenes damaliges Lieblingsthema Ende zu diesem sich schon anbahnenden Ende um mich herum, von dem ich noch nicht weiß? Keine zwei Jahre nach meinem Weggang gibt es das ganze Bellevue nicht mehr. In Häcklingen, meiner nächsten

Es knirschte, man räumte das Areal und die Klinik-Villa stürzte ein

Kostspielige Folge eines Tiefgaragenbaus in Kreuzlingen

Der Bau einer Tiefgarage im Areal der ehemaligen psychiatrischen Privatklinik «Bellevue» in Kreuzlingen hat am Dienstagabend zum Einsturz der Villa «Parkhaus» geführt. Ihre südliche Hälfte rutschte unter lautem Getöse in die Baugrube. Die Villa war bereits am Nachmittag geräumt worden; man hatte Risse in den Wänden entdeckt.

■ VON HANS PETER MINNIG, KREUZLINGEN

Beim rund 80 Jahre alten «Parkhaus» handelt es sich um eine der drei Villen, die im Rahmen der Überbauung des Areals hätten renoviert werden sollen; vier weitere sowie verschiedene Häuser mussten Neubauten weichen. Im August 1990 wollte die Venenklinik Kreuzlingen im «Parkhaus» ihren Betrieb aufnehmen. Das Haus ist durch den hälftigen Einsturz unbrauchbar geworden und wird demnächst vollständig abgebrochen.

Die Überreste des «Parkhauses» im Kreuzlinger «Bellevue»: Die südliche Hälfte des Hauses stürzte in die Baugrube der Tiefgarage (im Vordergrund). (Bild Minnig)

Gemäss Angaben von Hanspeter Bauer, Vizestatthalter des Bezirkes Kreuzlingen, nahmen Bauarbeiter bereits am Dienstagnachmittag verdächtige Knirschgeräusche wahr, und kleine Risse in den Wänden der Villa seien immer grösser geworden. Daraufhin habe die Bauleitung angeordnet, die Baustelle zu räumen, und es wurde die Feuerwehr aufgeboten. Um 18.30 Uhr brach dann die ganze südliche Hälfte des Hauses zusammen – mit einem Getöse, wie wenn ein Lastwagen Kies kippt. Zu diesem Zeitpunkt ruhten die Arbeiten rund um die Villa, so dass keine Menschen gefährdet worden seien.

Ursache des Einsturzes ist gemäss Bauer mit Sicherheit der Bau einer Tiefgarage in unmittelbarer Nachbarschaft zur Villa. Seiner Einschätzung zufolge sei die Baustelle allerdings ausreichend gesichert gewesen, und man habe im Gelände auch Sondierungen über die Beschaffenheit des Bodens vorgenommen. Ein Versicherungsexperte werde nun mit der detaillierten Abklärung der Einsturzursache beauftragt. Über die Höhe des Schadens waren am Mittwoch noch keine Angaben erhältlich. Dazu ist insbesondere eine Bauabrechnung nötig, denn die Villa befand sich in einem fortgeschrittenen Renovationsstadium.

Parkhaus, November 1989 (Tagesanzeiger vom 23.11.1989)

Psychiatriestation in Norddeutschland, wird es nicht einmal drei Monate dauern, bis meine Abteilung aufgelöst wird.

Neben dem Verschwinden der Erinnerung, zum Teil durch psychiatrische Methoden begünstigt, steht das handfestere Verschwinden der Orte, auch die Klinik in Mainz wird abgerissen. Es ist wie eine negative Fata Morgana. War das alles wirklich?

Sozialpsychiatrie Häcklingen – der freie Fall

Ich komme zu spät in die Psychiatrie Häcklingen. Es ist nicht mehr die kleine therapeutische Gemeinschaft, die sie von 1964 bis zum Neubau eines Siebzig-Betten-Hauses im Jahre 1970 war. Der damalige Leiter, Dr. Emil Thiemann, verließ die Klinik 1974 und gründete auf einem abgelegenen Bauernhof in der Lüneburger Heide eine neue Lebens- und Arbeitsgemeinschaft ohne Klinikcharakter. Sein Nachfolger in Häcklingen ist Dr. Niels Pörksen. Er und einige wenige Mitarbeiter wollen aus Häcklingen eine Modellklinik der gemeindenahen Versorgung machen.

Als ich im Sommer '78 in die verhaltenstherapeutische Abteilung (VT) von Häcklingen aufgenommen werde, geschieht dies unter dem Aspekt der Gemeindenähe. Denn mein Vater besitzt inzwischen ein Gutshaus im Versorgungsgebiet der Klinik, dem Landkreis Uelzen, und wohnt dort. Für mich bedeutet diese gemeindenahe Sozialpsychiatrie, daß ich aus der freundlichen Schweiz in den rauhen Norden transportiert werde, wo ich niemanden weit und breit kenne, nur meinen Vater, dessen gemeine Nähe ich jetzt gemeindenah ertragen soll.

Die Klinik Häcklingen liegt circa einen Kilometer vom gleichnamigen Ortsteil entfernt im äußersten Eck der Stadt Lüneburg – außerhalb ihres eigenen Versorgungsgebiets und weit entfernt von der nächsten Bus- oder Bahnstation. Die Mitarbeiter kommen großenteils aus Hamburg und haben Fahrgemeinschaften gebildet. Sie sind pünktlich da und wieder weg, außerhalb der Klinikgebäude trifft man sie meist in Gruppen

Psychiatrie Häcklingen

an. Von der Hauptklinik mit ihren drei Stationen läuft man einen Kilometer den Pilgerpfad hinunter zur VT, einem ehemaligen Bauernhaus mit ausgebauter Scheune, dessen isolierte Lage ab Oktober '78 für die Einrichtung einer Suchtabteilung genutzt wird.

Ich komme, auch wenn ich noch nichts davon weiß, auf eine Abteilung, deren Mitarbeiter nach einer gemeinsamen Gestalttherapieausbildung und einer für alle verpflichtenden Selbsterfahrungsgruppe viel miteinander verbindet, am meisten vielleicht der gemeinsam verlorene Kampf gegen ihre Auflösung und deren Betreiber Pörksen. Ihre Abteilung, die immer die therapeutischste war, die eigenständigste, die Vorzeigeabteilung, wird geschlossen und zur Suchtabteilung umfunktioniert. Das kränkt. Da machen viele nicht mit und suchen sich ein neues therapeutisches Betätigungsfeld. Eine offene Diskussion der (ehemaligen) VT-Mitarbeiter ist Bestandteil des Buches der Autorengruppe Häcklingen, an dem ab Anfang '79 gearbeitet wurde:

M.: Wir wollten es besser machen als die anderen. Wir kamen alle von der Uni, wir hatten alle große Flausen im Kopf. Die Verhaltenstherapie war damals im Zenit, wir hatten das Gefühl, daß die VT die einzige und richtige Therapie ist.
H.-P.: Ich habe dabei weniger die Patienten im Auge gehabt als mich. Ich wollte mich als kompetenten Therapeuten sehen, der mit den Patienten umgehen kann. Ich wollte immer noch einen Dreh mehr Kompetenz erwerben.
H.-P.: Wir haben einmal eine Statistik darüber gemacht, da kam ein Therapie-Mittelwert pro Woche von 12 - 14 Stunden heraus. Den Rest der Zeit müssen wir irgendwie anders zugebracht haben. Wir hatten mindestens 20 Stunden Besprechung! Das war die Mitarbeiterbesprechung, die Mittagsbesprechung, dann die Kleinteams, die Gremien in der Hauptklinik...
M.: ... die Arbeitskreise...
H.-P.: ... und dann etwa 6 Stunden Aktenführung und Schriftkram, aber 20 Stunden Besprechung!

An anderer Stelle sagt eine ehemalige Patientin in einer Gesprächsrunde über das therapeutische Angebot in Häcklingen:

Manchmal fühlen sich einige Patienten hier ganz schön hängen gelassen; dann kommt das Gefühl »die nehmen überhaupt nicht wahr, was mit einem ist und was man braucht« - sondern die rotieren ganz schön um ihre eigene Achse, um ihre eigenen Belange und ihre Konferenzen, und was mit uns ist, das ist ihnen wahrscheinlich ziemlich gleichgültig.

Diesen Eindruck habe ich ganz besonders in den zehn Wochen, die ich bis zu deren Schließung in der Verhaltenstherapie verbringe. An Wochentagen strömen morgens um acht oder neun Uhr drei Wagenladungen junger, ins Gespräch vertiefter Mitarbeiter ins Haus und versammeln sich für die nächsten Stunden hinter verschlossener Tür im ersten Zimmer links vom Eingang. Da wir im Zweibettzimmer direkt gegenüber wohnen, bekommen meine Zimmerkollegin und ich diesen morgendlichen Einfall der Mitarbeiterschaft ebenso intensiv mit wie ihren kollektiven Abzug am Nachmittag. Es ist eine aufgeregte Truppe gehetzt und oft gequält wirkender Menschen, die wie stark riechende Botenstoffe das Signal aussenden: Bitte sprich mich nicht an, geh mir aus dem Weg, wolle nichts und tu mir nichts.

Meine Häcklingen-Akte ist mit sechsundzwanzig Seiten extrem dünn und voll gröbster Fehler. In der Anamnese fehlt die Zeit in der Mainzer Uni-Anstalt völlig, es werden mir freundlich unterstützende Eltern angedichtet und eine ehemalige Therapeutin, die in der Schweiz eine Wohngemeinschaft eröffnet. Mein damals eher vager Eindruck, daß die Mitarbeiter irgendwie abwesend sind, schon nicht mehr da oder noch ganz woanders, wird durch die Akte wie auch durch das zur gleichen Zeit entstandene Häcklingen-Buch bestätigt. Daß die Schließung der Abteilung bevorsteht, erfahre ich erst kurz davor. Man spricht mit uns nicht darüber.

Während ich zur Mainzer Uni-Anstalt und zum Bellevue in Kreuzlingen atmosphärisch dichte Bilder vor Augen habe, ist Häcklingen für mich im Rückblick dünn. Es ist ein leerer und kühler Raum, flach wie die Landschaft, auch die Beziehungen, ohne Tiefe und ohne Höhen. Ich komme als Fremde, in unpassender Kleidung, mit dem falschen Akzent und verschrobenen Ansprüchen. Es macht mich verdächtig, daß ich aus der Schweiz dorthin kutschiert wurde, daß ich die goldene Taschenuhr meines Großvaters trage, daß meine Akte aus der Schweiz 300 Seiten dick ist.

Eine der dreizehn InsassInnen begrüßt mich mit offener Feindseligkeit, die anderen wirken wenig interessiert, eher skeptisch, niemand lächelt oder ist nett. Eine Mitarbeiterin zeigt mir mein Zimmer rechts vom Eingang, das zweite Bett ist leer. Der Arzt untersucht mich, er ist wortkarg, macht Notizen »Gang steif, schlurfend, Tonus schlaff, Haltung verspannt, Akne« und einen etwas angewiderten Eindruck.

Es ist alles offen, die Türen und Fenster, der Himmel, die weiten Felder, die Zeit. Ich komme nach zweieinhalb Jahren in geschlossenen Stationen in einem offenen Haus an, bin frei zu gehen, frei von Bindungen, relativ frei von Psychopharmaka, frei zu fast allem und fähig zu nichts. Aus dem Nest geworfen, bestätigt sich, daß ich nicht fliegen kann. Ich will auf die Geschlossene. Am nächsten Tag ruft mich Wolfgang Binswanger an und notiert anschließend:

Sie sei heil in Häcklingen gelandet, aber jetzt sei sie wieder auf der Aufnahmestation, d.h. geschlossenen: weil sie gestern in der Nacht sowie heute morgen in ekligen Zuständen gewesen sei. Sie sei fortgelaufen, wieder zurückgelaufen, und dann waren die Fenster offen, die Türen waren offen, und sie habe damit nicht umgehen können. Sie habe dann gesagt, und man habe gemeint, sie solle erst mal schauen, daß sie sich auf einer geschlossenen Station eingewöhne. Sie selber habe das ja fast gewollt – mit den vielen offenen Löchern sei sie nicht zurechtgekommen. Aber jetzt, auf der geschlossenen Station, habe sie einen Mordsschrecken gekriegt, denn sie sei mit einer alten Frau zusammen, die die ganze Zeit nur sage: wie konnte das passieren, und dabei die Wand anstarre. Dann gebe es noch zwei alte Frauen, und die Atmosphäre sei eben »klassisch Psychiatrie«. Dann seien da auch noch so ein paar junge Typen, die reden wie Dreijährige, und ein Schwachsinniger sei auch noch da. Alles in allem, Eindruck bis jetzt: schockierend. Sie wird in einer Woche wieder berichten.

Station III, die Geschlossene, liegt im Erdgeschoß des Hauptgebäudes. Sie gilt als Aufnahme- und Akutstation, aber die schwierigsten InsassInnen bleiben hier hängen; die Altersverwirrten, die Geistesschwachen, die Aggressiven und die Suizidalen will keine der anderen Stationen haben. Die MitarbeiterInnen sitzen im Glaskasten, der im Vergleich zu den kleinen Zimmerchen und dem engen Flur geräumig ist. Sie telefonieren, öffnen und schließen, rationieren die Zigaretten, zählen Tropfen und Pillen ab, wischen Urinlachen weg und halten es außerhalb ihres Kastens kaum aus. Eine Mitarbeiterin schreibt:

In den folgenden Jahren, besonders im Jahr '79 kamen wir spürbar an unsere Grenzen und waren gelegentlich verzweifelt. Die Verhältnisse waren unzumutbar geworden: die Station begann baulich zu altern, war häßlich und hinfällig geworden, einer der beiden Aufenthaltsräume war aus Platzmangel auch noch mit Betten verstellt worden, die Enge oft unerträglich. Es gab unzureichende Nebenräume, die reichlicher gewordene Schmutzwäsche blockiert noch heute einen Waschraum. Viele schlechte Gerüche waren im Fußboden versickert, er mußte herausgerissen werden. (...) Die Station bot nirgends einen Winkel der Ruhe, der Geräuschpegel war meist zu hoch, das emotionale Klima überheizt.
Besonders eng, dunkel, akustisch mies, schlecht belüftet und abgeschlossen,

... bietet die Geschlossene den idealen Nährboden für fiese Gedanken und Gefühle, für ruhelose Tage, schlaflose Nächte und Übergriffe aller Art. Auch meine (in der Einleitung skizzierte) gewalttätige Drohung gegenüber der hilflosen Zimmerkollegin versuche ich mir so zu erklären.

Diese Station, die mir als Schutzraum offeriert worden ist, gleicht meiner kindlichen Vorstellung von der Hölle. Das schlauchförmige Zweibettzimmer, das wir teilen, ist so eng, daß ich, wenn ich vor meinem Bett stehe, gleichzeitig und gleich nah vor der auf ihrem Bett wohnenden dicken älteren Frau stehe, die apathisch und wie ein zu Folterzwecken installiertes Tonband Tag und Nacht die ewiggleiche Klage an die Wand sabbert: »Wie ist sowas möglich...« Schwüle, stickig-schweißige Luft darf durch die aus Sicherheitsgründen kaum zu öffnenden Fenster nicht entweichen. Die direkte Verbindung zum Glaskasten ermöglicht eine Dauerobservierung von rechts, während links der Durchgang zu einem weiteren Zweibettzimmer ist, von wo mich gerne nachts ein barfüßiges Gespenst im weiten Nachthemd besucht. Wenn Wie-ist-sowas-möglich endlich in ein tiefes gurgelndes Schnarchen übergegangen ist und ich es gerade geschafft habe, ein Auge zuzutun, packt mich eine kalte knochige Hand am Arm. Ich schrecke hoch und schaue in ein Totenkopfgesicht mit angstweiten Augen, schlohweißem Haar und einem zahnlosen Mund, aus dem es zischelt: »Sie kommen, jetzt kommen sie und holen uns, die verscharren uns. Komm, weg hier!« Mit ungeheurer Kraft versucht die alte Frau aus dem Nebenzimmer mich mit sich zu zerren, das Gebiß hat sie wieder mal durch den Fensterspalt in den Garten geworfen. Sie hat beide Weltkriege erlebt.

Für mich ist sie Tod und Teufel zusammen, eine kalte hämische Fratze, die mir mit Macht meine Zukunft vor Augen führt. Sie wählt meinen schwächsten Moment, schleicht sich auf leisen Sohlen an und erschreckt mich zu Tode. Ich sehe sie nicht als die bedauernswerte alte Frau, die ohne Zukunft und mit ihrer verzweifelten Erinnerung allein ist. Ich sehe auch meine Zimmerkollegin nicht als das wehrlose und einsame Opfer einer Gewalttat, das auf die eine grundlegende und durchaus philosophisch abzuhandelnde Frage »Wie ist sowas möglich?« ohne Antwort bleibt. Auf der Geschlossenen, auf engstem Raum, in diesem Hexenkessel sind sie meine beiden Hauptqualen, die Nervtöterin am Tag und der Todesengel in der Nacht.

Der Herr wird zu denen, die zur Linken stehen, sprechen: Weichet von mir, ihr Verfluchten, in das ewige Feuer, das dem Teufel und seinen Engeln bereitet ist. Und diese werden eingehen in die ewige Pein. Dort wird Heulen und Zähneknirschen sein.

Was ist meine Schuld? Hat der Teufel mich versucht, und habe ich kläglich versagt? Ich beschäftige mich in Häcklingen nicht mit Gott, Tod und

Teufel, aber auf einer tonlosen Spur läuft der Katholizismus meiner Kindheit immer mit.

Nach zehn Tagen werde ich rückverlegt. Es war eine lehrreiche Zeit, ich durfte die Hölle schnuppern und kann mich nun entscheiden, ob ich es mit der Freiheit der Verhaltenstherapie aufnehmen will. Mein Bezugstherapeut ist ein großer, nüchterner Pfleger um die vierzig, der mir ein paar Fragen stellt und zu unserem nächsten Termin nicht mehr da ist. Keiner sagt mir, warum. Zufällig erfahren wir von Brunhildes Tod. War sie, eine ehemalige VT-Patientin, nicht zu ihm gegangen, bevor sie sich im Wald das Leben nahm? Wir ziehen unsere Schlüsse.

Der kleine blonde Dragoner, die forsche Mitarbeiterin, die ich am wenigsten ertrage, stellt sich vor mich hin und sagt mit einem wissenden Lächeln: »Ich bin jetzt deine neue Bezugstherapeutin!« Ich verstehe das als Provokation, als zweiten Teil der Ekeltherapie, zu einem Gespräch wird es nicht kommen.

In der Arbeitstherapie streichen wir die Zimmer der Mitarbeiter in deren Wunschfarben. Manchmal tun wir uns schwer mit dem Mischungsverhältnis, so daß pinkfarbene, grasgrüne und swimmingpoolblaue Wände entstehen und wir uns wundern, wie die Mitarbeiter es darin Stunde um Stunde aushalten. Einem jungen smarten Psychologen, der mich mit irgend etwas geärgert hat, vielleicht nur mit seiner Unantastbarkeit, streiche ich einen schwarzen Balken über die Zimmertür.

Ihre Fehler in der Projektarbeit haben zur Konfrontation mit der Gruppe geführt, die Kerstin aber gut vertragen konnte,

heißt es dazu in der Akte. Es ist kein Fehler, es ist Absicht, und die Folgen sind mir klar. Ich überstreiche den Balken wieder und wieder, ein Schatten bleibt.

An den Wochenenden ist es ruhig im Haus, keine wuselnden Mitarbeiter, nur eine studentische Honorarkraft sitzt im Aufenthaltsraum und hat Zeit, einfach so mit uns zu sprechen. Ich hocke viel im Zimmer auf der Bettkante, blase Staubflocken durch den Raum, den ich nach dem Umzug von meiner Zimmerkollegin Monika in eine der neuen therapeutischen WGs allein bewohne, gebe dem Koffer unter meinem Bett einen

Tritt, ausräumen will ich ihn nicht. Da steht mein Vater in der Tür. Er will mir seinen Gutshof zeigen. Auf der Fahrt nach Bardenhagen sagt er, wenn er nachdenken würde über sich und sein Leben, richtig nachdenken oder Therapie machen, dann könnte er sich gleich den Strick nehmen.

Wir durchschreiten das Grundstück und betreten das Gutshaus, den großen ebenerdigen Salon mit offenem Kamin, großzügiger Freitreppe und in halber Höhe rundum einem Wandelgang, von dem alle circa zehn Gemächer des ersten Stockes abgehen. Ich denke an Filmkulissen, an amerikanische Western- und Familienserien, an Barbara Stanwyck, die in bodenlangem schwarzem Gewand majestätisch die Treppe herabrauscht, den Streit schlichtet, die Trauernden tröstet, die Bösen verjagt.

Was macht mein Vater allein in diesem Haus? Steht er abends auf der Empore, blickt hinab in den Saal und hält seinem Gefolge feurige Reden? Oder verbunkert er sich im kleinsten Zimmer, um Strom und Heizöl zu sparen, tappt im Dunkeln über die Flure und nimmt die weiten Wege als Übel, das es zu besiegen gilt? Ich frage ihn nicht, staune nur ehrfürchtig und entwickle wieder die mir so bekannte Mischung aus Mitleid und Ekel, als mein Vater freudestrahlend seine Schnäppchenkäufe vor mir ausbreitet und keine Ruhe gibt, bis ich in die Hosen und Hemden gestiegen bin. Er sitzt begutachtend daneben. Als das Wort »fetter Arsch« fällt, schwöre ich mir, nie mehr eines seiner Zimmer zu betreten. Auf dem Rückweg schenkt mein Vater mir 1000 DM. Ich weiß nicht mehr, was er dazu sagt, vielleicht etwas von Startkapital. Das ist eine enorme Summe für mich und in gewisser Weise auch für ihn, den Sparsamen.

Am nächsten Tag stürzt sich eine Mitinsassin, deren Haßobjekt ich vom ersten Tag an war, wutschnaubend auf mich und zerreißt meinen Rock. Ich nehme das Fluchtgeld und meinen Ausweis, laufe zur nächsten Bahnstation und fahre Richtung Süden. Bis in die Schweiz schaffe ich es nicht an diesem Tag, steige gegen Mitternacht in Stuttgart aus dem Zug und entscheide mich für Tübingen. Da wohnt Ruedi, der letzte nette Mensch, bevor ich im Norden abgeladen wurde. Es fährt kein Zug mehr, also nehme ich ein Taxi. Ich habe wenig Ahnung von Geographie, weiß nur, daß ich steinreich bin. Als ich der Taxifahrerin mein Geldbündel zeige, ist sie bereit zu der weiten Fahrt. Unterwegs bekomme ich Skrupel, Ruedi mitten in der Nacht zu überfallen, und wir versuchen es bei Hotels und Pensionen. Es gibt kein Bett für mich, und so klingele ich ihn aus den Federn. Er wundert sich nicht besonders, läßt mich rein, ruft seinen Vater in Kreuzlingen an und baut mir ein Schlaflager. Nach Kreuzlingen könne ich nicht, er habe keine Zeit, müsse zu den Proben am nächsten Tag und habe selber genug Probleme. Ein Schauspielerkollege sei im letzten Moment vom Strick geschnitten worden und liege nun in der Tübinger Psychiatrie. Ich könne ausschlafen und in der Wohnung bleiben, bis er am nächsten Abend wiederkomme. Dann müsse ich verschwunden sein.

Den Rest der Nacht liege ich jammernd auf der Matratze und raube Ruedi mit Sicherheit den Schlaf. Wir sprechen kein Wort mehr. Als ich am nächsten Morgen allein bin, zerreiße ich die Hundertmarkscheine, zerschneide meinen Paß und werfe alles zusammen mit meinem Schmuck in den Küchenmüll. Da meine Lage aussichtslos ist, die Schweiz mich nicht mehr will, ich im Norden zerfetzt und gedemütigt werde, selbst der immer so herzliche Ruedi mich rauswirft, habe ich beschlossen, mich umzubringen.

Ich erkunde Tübingen mit besonderem Augenmerk auf die Apotheken, wo ich mit meinem Restgeld mehrere Packungen freiverkäuflicher Barbiturate erstehe. Zum Runterspülen kaufe ich eine Literflasche Saft und suche mir ein ruhiges Plätzchen am Ufer des Neckar. Obwohl ich im Tablettenschlucken einige Übung habe, machen mir die vielen dicken mehligen Brocken zu schaffen, und die Flasche ist leer, bevor ich alle Packungen intus habe. Ich fülle sie mit Neckarwasser auf und muß, als ich es endlich geschafft habe, brechen. Benommen torkele ich durch die Gegend und lande schließlich in der Tübinger Psychiatrie. Dort schaue ich allen Männern auf den Hals, um den einen mit dem roten Striemen zu finden. In meinem Barbituratnebel kämpfe ich verzweifelt darum, in Tübingen bleiben zu können, werde aber noch in der Nacht in einem Krankenwagen zurück nach Häcklingen gebracht. Beschämt über diesen Aufwand, sitze ich während der langen Fahrt stumm auf dem Hocker neben der leeren Pritsche. Später finde ich in meiner Jackentasche ein Briefchen von einem Tübinger Insassen, der mir seine Liebe erklärt.

Auf der VT tut man, als sei nichts gewesen. Mein Ausflug ist kein Thema, denn das Team hat beschlossen:

Auf ihr appellatives oder demonstratives Verhalten gehen wir verabredungsgemäß nicht ein.

Therapieziel ist unter anderem die »Integration in einen noch gemeinsam mit ihr zu schaffenden sozialen Rahmen«. Ich soll Pläne machen, Ziele haben, und manchmal tue ich ihnen den Gefallen, rede von einer Buchhandelslehre, einer Ausbildung als Souffleuse, einer Wohngemeinschaft in Hamburg, die ich suchen wolle. Plötzlich muß alles sehr schnell gehen, denn die VT wird zum Monatsende aufgelöst.

Abends und an den Wochenenden zertrümmere ich mal meine Zimmereinrichtung, mal gehe ich mit einem Mitinsassen im Wald Giftpilze suchen oder zerschmettere in der Scheune Steine an den Wänden. Die Steine gelten Fritz und der für mich hier im Norden so sinnlos gewordenen Schweizer Therapie. Aus der Sicht eines dieser Steine wende ich mich an den Therapeuten, den eigentlichen Steinewerfer, und schreibe:

> Du hast Steine an die Wand geschleudert tagelang. Du hast die Mühe nicht gescheut. Du mußtest sehen, wann der erste Widerstand bricht und wann der letzte.
> Du wolltest erfahren, was innen ist, was sie ausmacht. Du erklärtest ihnen, wie gut es sein würde für sie. Sie sahen's ein, auch ich. Naturgemäß wurden sie immer leichter und handlicher, bis sie schlußendlich in Tausende von Teilchen sich aufgelöst hatten. Du zeigtest viel, sehr viel Geduld. Unermüdlich zertratst du sorgfältig und behutsam alle Reste zu Sand.
> Endlich konntest du dir ein Bild machen, großflächig und bis ins Detail. Liebevoll knietest du vor dem feinen Sandteppich und freutest dich mit uns an der großen Klarheit, die nun herrschte. Und dann sagtest du, alles sei wieder gut. Und wenn wir uns nur wieder zu Steinen, den richtigeren, zusammensetzten, sei das Glück auf allen Seiten.

Ich weiß, du bist enttäuscht nun, und begreife deine leise Trauer. Aber schau, so gut wir nun auseinander sind, so gut werden wir nie wieder beisammen sein können.

Mit Dietrich, einem der Pfleger, komme ich ins Gespräch. Er ist wißbegierig, macht eine Therapieausbildung und probiert an mir diverse Übungen aus. Als die dicke Akte aus der Schweiz endlich da ist und ich sie zunächst nicht lesen darf, verweigere ich weitere Gespräche mit dem Hinweis, daß ich ja nicht wisse, was er alles schon über mich weiß. Mit solch logischen Argumenten komme ich in der VT immer am besten ans Ziel. Ich lese die gesamte Akte und bin – trotz mancher Fehlinterpretationen – gerührt über den Aufwand und die vielen Gedanken, die man sich wegen mir machte.

Mit Dietrich sehe ich eine Chance, doch über manches zu reden. Aber es ist zu spät. Am 2.10. werde ich »nicht ohne Druck von beiden Seiten« auf Station II verlegt, die Rehastation im Haupthaus mit zweiunddreißig Betten.

Das Zweibettzimmer teile ich mit einer älteren eleganten Dame, der Tante eines bekannten Politikers, die viel von ihrer hehren Verwandtschaft spricht, aber nie Besuch erhält. Die beiden Bezugstherapeuten unserer recht jungen Gruppe sind mütterlich-resolut und väterlich-streng. Mich nervt ihr pädagogisierendes Gehabe, ich fühle mich von lächerlichen Loben ebenso wie von Bestrafungen (Taschengeldentzug, Ausgangsverbot) zum verstandeslosen Kleinkind degradiert. Als wir im Kleinbus zur Arbeitstherapie in den Wald fahren und dort das Laub zusammenrechen sollen, meutere ich. Gibt es Sinnloseres? Kann man jemandem die Überflüssigkeit seines Daseins besser demonstrieren als darin, ihn unter Aufsicht in einem großen Laubwald im Herbst an einem beliebigen Fleckchen das immer weiter fallende Laub zusammenrechen zu lassen? Die Mitarbeiter schreiben zu dieser Form von Therapie in ihrem Buch:

Mit dem Jahr 1978 beginnt die Krise der therapeutischen Arbeit.
Daneben war eine Therapiegruppe in Zusammenarbeit mit einem Förster in der Forst- und Landschaftspflege tätig. (...) Gemeinsam war all diesen Arbeits-Rehabili-

tationsmaßnahmen, daß sie gleichgültig gegenüber den Zielen und den Inhalten der Arbeit waren.

Natürlich stelle ich den Sinn nicht in Frage. Das habe ich gelernt, daß so etwas in Häcklingen nicht zieht. Ich gebe nur zu bedenken, daß ich plane, eine Ausbildung zu machen, und daß es für mich eine größere Herausforderung wäre, mich mit der Tastatur einer Schreibmaschine vertraut zu machen und das Formulieren zu üben, das ich doch auch für jede Bewerbung benötige. So muß ich kein zweites Mal in den Wald fahren und kann auf anstaltseigener Maschine das Leben und das Sterben um mich herum beschreiben. Ich kann Anknüpfungen an früher suchen, die Grenzen klarer ziehen, meinem Haß und meiner Verzweiflung eine Form geben.

Ich schreibe mich aus der Anstalt heraus. Ich halte Gespräche und Träume fest:

Frühstück im Advent (Geschlossene)

- Jeden Mittag um 14 Uhr fliegt ein amerikanisches Düsenflugzeug mit Wasserstoff- und Atombomben an Bord über die Klinik zur DDR-Grenze. Es kehrt dort jeden Mittag wieder um und überfliegt uns 15 Minuten später in entgegengesetzter Richtung. Hoffentlich hört der Krieg bald auf.
- Mir kann der Krieg nichts anhaben. Ich bin untauglich für den Krieg.

- Weshalb bist du eigentlich hier?
- Ich bin an einem 16. geboren. Dies Haus hat die Nummer 16. Außerdem heißt der Verein, der das Haus trägt, »Die Brücke«. Du siehst, daß da ein Zusammenhang besteht. Ich bin hier, um herauszufinden, was für ein Zusammenhang das ist.

- Geht es dir nicht gut? Ich bin in Sorge.

– Nein, sei ohne Sorge, es geht mir gut. Oft geht es mir so ungeheuer gut, daß ich vor lauter Freude aus dem Fenster springen möchte. Das ist sicher erlaubt.

U-Bahn-Station Hamburg Hbf. (Ein Traum)

Jemand fragt: Wo bitte geht es zur Realität?
Jemand sagt: Zur Realität müssen sie oft umsteigen. Wechseln Sie immer wieder die Richtung. Dort sieht es auf den ersten Blick aus wie hier. Aber es ist ganz woanders.
Jemand korrigiert: Nein, die Auskunft ist falsch. Sie befinden sich doch in der Realität. Wenn Sie bleiben wollen in ihr, dann bewegen Sie sich nicht. Wenn Sie mit der Bahn fahren müssen, wechseln Sie an jeder Station die Richtung. Aber bewegen Sie sich nicht.
Jemand dankt.

Ich träumte dich

Du warst uralt mit der engen Perlenkette um den Hals und viel zu kurzen Kinderarmen. Du trugst dein weißes endloses Kleid so verkniffen, wie ich dich kannte (Paula Modersohn-Becker »Kleines Mädchen mit Perlenkette«).
Viele Jahre sah ich dich immer, an allen Seiten zurechtgeschnitten für das zu kleine Frühstücksbrett, über meinem Bett hängen. Ich sah dich dort, ich sah dich gern dort, denn du wolltest nichts von mir. Ich kannte dich, aber ohne jede Pflicht.
Dann, ich hatte dich lange verlassen, kamst du in der Nacht. Du klopftest an, doch ich rief nicht herein. Du kamst einfach zu mir ans Bett, obwohl es sich nicht von selbst verstand und du die Dunkelheit hättest fürchten müssen. Wir hatten uns lange nicht gesehen, und du zeigtest mir deine gräßlichen Augen. Das Blaue war nicht blau, es war gelber wäßriger Eiter, und für jede Pupille hing ein faulender Zahn in der Höhle. Ich wies dich zurecht, du warst mir zu nahe gekommen, bis ich eine dickgelbe Eiterkruste von den Augenrändern

her deiner Mitte entgegenwachsen sah und wußte, du warst in Eile. Ich wurde still und hörte dich nur diesen einen Satz sprechen: Bitte kratz mir die Augen auf. Ich kratzte. Aber warum hast du nicht geschrien, als du blutgetränkten Eiter weintest? Warum bist du gleich wieder gegangen? Von da an kamst du jede Nacht. Du sagtest immer diesen einen Satz, jedesmal ganz selbstverständlich und so leise, daß ich mich zu dir beugen mußte. Die Kruste wuchs nächtlich schneller. Schließlich kratzte ich tief in deinen Schädel hinein. In der letzten Nacht warst du blind, die Kruste hatte dich zugewachsen. Als du da wieder deinen Satz sagtest, als sei alles wie immer, habe ich nicht mehr gekratzt. Ich habe dich verjagt, du würdest nicht zurückfinden. Und heute werde ich dir verzeihen. Ich werde dein Bild wieder aufhängen, das alte Bild, das mit den großen blauen Augen und den Pupillen genau in der Mitte. Es wird alles sein wie früher. Du hängst da, und wir kennen uns. Aber du hängst an einer weniger nahen Wand, und wir wollen einander nicht stören. Versprich, mich nie wieder zu erschrecken, und du darfst hängen bei mir. Die Zeit heilt alle Wunden. Wenn du noch etwas spürst, schließ einfach die Augen. Ich zeige es dir.

Im November '78 können einige InsassInnen im Kleinbus mit zur Tagung der Deutschen Gesellschaft für Sozialpsychiatrie in Bremen fahren. Für jede Abwechslung dankbar, fahre ich mit. Wir übernachten in einer Anstalt. An einem Bücherstand entdecke ich »Literatur und Schizophrenie«, herausgegeben von Winfried Kudszus, dem Literaturprofessor, der mich in der Mainzer Uni-Anstalt im Hinblick auf diese Veröffentlichung befragte. Ich investiere die 9,80 DM und vergewissere mich, daß ich nicht drin vorkomme. Gestaltleute würden hier vielleicht eine Gestalt sich schließen sehen. Mir ist dieses Vokabular verhaßt, aber ich kann nicht umhin, es zu denken. Als ich während der Tagung an einer Arbeitsgruppe teilnehme, die sich mit Psychosen beschäftigt, sorge ich ungewollt für Irritation. Die anwesenden Vertreter aller psychiatrischen Zünfte sind es nicht gewohnt, sich im Beisein einer Insassin auszutauschen. Die Psychoseseminare und Trialoge sind noch nicht erfunden, und so macht meine Anwesenheit sie vorsichtig bis sprachlos. Ich kann mich nicht mehr an die Inhalte erinnern, wohl aber an den Moment, wo ich mich vorgestellt habe und damit eine Art Paralyse auslöse. Es ist totenstill, niemand rührt sich.

Zurück

Ich möchte zurück. Früher einmal, da muß ich unter der Erde gehaust haben. Sonst wüßte ich nicht, wie gut es mir dort gehen wird. Wenig Luft und wenig Raum, gewiß, doch auch wenig Luftnot und wenig Raumnot, weniger Not noch als je.

Und auch Luft und Raum, wenig zwar, die nicht mehr Anstoß nehmen an anderen Lüften und Räumen, den vielen. Der Raum nicht mehr in Frage gestellt, er steht zu, auch mir. Die Luft nicht mehr geteilt und eingetauscht. In Grenzen sein dürfen endlich, endlich sein, unverwechselbar. Und dann die Ruhe, an die ich mich erinnere, manchmal noch, wenn es sich schließt für Momente und ich fast erschrecke, wie lautlos, wie gespenstisch lautlos Wagen lastschwer vorüberziehen und kaum am Luftzug spürbar sind. Dann ist Erinnerung laut. Doch sie stört nicht, sie ist ganz friedlich, und es ist die laute, die durch nichts mehr zu übertönende und dennoch friedliche Erinnerung an Zeiten, nicht unter der Erde, in der Erde.

Einmal war ich in der Erde, eingebettet in sie ganz und gar, und ich weiß, ich muß gut gelegen haben dort. Und ich weiß auch, es spricht nichts gegen die Heimkehr.

Sie, die Erde, die tiefere und kühlere, sie hat noch Platz. Noch ist Platz in der Erde, weit mehr als auf ihr. Wir müssen nur tief genug graben. An solchen, die uns schnell wieder zudecken mit Erde, an solchen fehlt es nie. Vielleicht möchte uns die Erde tief im Innern, dort wo die Kruste noch nicht angelangt ist. Vielleicht wäre sie froh, uns wieder bei sich zu haben.

Und irgendwann, wenn du lange Zeit hinuntergeschaut hast, gerätst du ins Schleudern und weißt nicht mehr zu unterscheiden, bist du am Fallen lange Zeit schon, und die Tiefen werden doch nie weniger tief. Oder stehst du noch am Rand dort oben, und nur dein Blick fällt endlos und mag nicht mehr lassen von der Aussicht, die sich ihm auftut, ob wirklich oder nicht.

Der Winter 78/79 ist besonders kalt und schneereich. Manchmal lege ich mich abends irgendwo zwischen Häcklingen und der Bahnstation in den tiefen Schnee und will erfrieren. Ich stelle mir vor, einfach abzukühlen, auch an Gedanken und Gefühlen, und dann in einen Schlaf hinein zu verschwinden in diesem Weiß. Aber dann wird es unbequem, ich muß zur Toilette oder habe etwas vergessen. Ich inspiziere die Bäume im Anstaltsgelände und suche den Ast, an dem Eckehardt hing, bis er tot gefunden wurde. Manchmal schlucke ich eine Handvoll Schlaftabletten, um Ruhe vor meinen Gedanken zu haben.

Ich erinnere mich an einen Abend, wo ich benommen im Aufenthaltsraum hocke und bei jedem Geräusch zu Tode erschrecke. Einmal schlage ich mich mit meinem Kopf an den Badezimmerkacheln bewußtlos. Niels Pörksen muß kommen. Er fragt mich, was ich als nächstes zu tun gedenke, und geht wieder. Freundlich und zugewandt erlebe ich ihn nur, als ich Ohrenschmerzen habe und er zart und sorgfältig mein Ohr inspiziert.

Als Monika, mit der ich in der VT das Zimmer geteilt habe, sich in ihrer therapeutischen Wohngemeinschaft mit Benzin überschüttet und anzündet und qualvoll im Krankenhaus stirbt, heißt es, sie habe im Sterben zu Niels Pörksen gesagt, es sei gut so, sie habe es so gewollt. Ich erinnere mich, daß sie was anderes wollte, daß sie als ältere depressive Frau uninteressant für die Psychiater war, daß sie um Wiederaufnahme gebettelt hat und keiner ihr Jammern mehr hören wollte.

Die Toten, über die so leicht hinweggegangen wird, lassen mich nicht mehr los. So makaber es klingt, sind sie es, die mich am Leben halten. So leicht werdet ihr mich nicht los, jetzt nicht mehr. Ich habe eine Aufgabe, ich sammle die Toten, und ich entwickle einen sehr vitalen Haß.

Es ist ein Haß, es ist ein ungeheurer Haß. Das ist bloß ein Satz. Aber ich denk ihn schon seit ein paar Minuten. Immer im Wechsel, es ist

ein Haß, es ist ein ungeheurer Haß. Und ich denke den Satz immer im Wechsel schon seit Minuten, ohne es zu merken. Ich ess und denke, es ist ein Haß, und sprech und denke das und putz die Zähne und denk, es ist ein ungeheurer Haß. Aber beim Essen und Sprechen und Stillsein und Zähneputzen merke ich nicht, daß ich diesen Satz denke, obwohl ich ihn laut denke. Ich denke ihn Wort für Wort und denke mit Betonung auf a und u und eu. Ich will wissen, wie ich diesen Satz seit einiger Zeit immer wieder unbemerkt denken kann. Ich denke ihn heimlich, aber ständig und betont. Ich denke ihn laut, und obwohl er die stärkste Stimme hat, red ich und knips Licht an und aus, steck die Klammer ins Haar, wünsch eine gute Nacht, trink Tee und bemerke den Satz zufällig irgendwo im Tee.
Ich erschrecke und denk, es muß ein wichtiger Satz sein, wenn ich ihn so lange denken ließ. Ich will ihn nicht wieder vergessen. Aber ich sollte wissen, wo er herkommt, damit ich ihn zurückschicken kann. Ich muß von ihm ein bißchen mehr hören. Er ist ungeheuer stur, ich komme nicht ran an ihn, und er geht nicht fort von mir. Aber ich verstehe ihn nicht, kenne die Wörter, ein bißchen Haß und viel Ungeheuer, sitze jetzt da, bin ratlos, will ihn unterbringen, den Satz. Er wird leiser, aber nur, weil jetzt ich zu laut bin. Ich will ihm nichts tun, er kann bleiben, er soll wiederkommen. So denke ich dauernd an ihn, und in meinem Denken wird er größer und größer. Ich bin ganz ratlos und weiß nicht, wo ich suchen soll nach meinen Sätzen. Sie hassen mich.

Kurz vor Weihnachten kommt mein Vater vorbei und schenkt mir einen Fotoapparat. Es ist, abgesehen von dem Fluchtgeld, das erste und das beste Geschenk von ihm. Von da an bin ich nicht mehr allein, ich habe einen stummen Zeugen dabei. Ich knipse den Schnee und die Löcher im Schnee, kahle Äste und Zäune. Über Weihnachten fahre ich nach Mainz zu meiner Mutter, in die Schweiz zu meinen Geschwistern und nach Essen zu den Großeltern. Ich knipse sie alle.

Zu Jahresbeginn laden mich Dietrich aus der VT und seine Freundin häufig zu sich nach Hause ein. Wir verbringen gemütliche Tage in Winsen an der Luhe mit Einkaufen, Kochen, Spazierengehen, und es ent-

Blick aus Anstaltsfenster, Dezember 1978

steht bei den beiden die Überlegung, mir ihre Nachbarwohnung vorzuschlagen. Da meine bisherigen Versuche, eine normale Wohngemeinschaft in Hamburg zu finden, fehlgeschlagen sind und ich schnell aus Häcklingen fort will, bin ich froh über das Angebot. Ich bitte meine Stationsgruppe, ihre Arbeitstherapie in meine neue Wohnung zu verlegen, knipse meine MitinsassInnen beim Putzen und Streichen und ziehe am 12.2.79 in eine Einzimmerwohnung in Winsen an der Luhe. Nach Häcklingen werde ich nie mehr gehen.

Was suchte ich, als ich in die erste Psychiatrie ging oder kam? Manchmal denke ich, ich sei ungerecht gegen die Ärzte, die mich mit Insulin lahmlegten und alle Medikamente probierten. Sie taten, was ich wollte. Ich wollte alle Verantwortung und alle Anstrengung und alles schmerzhaft Menschliche abwerfen; und tatsächlich sorgte man für mich, zeitweise fütterte man mich, ich wurde geweckt. Jeden Morgen lächelten mich ein, zwei oder drei große weiße Men-

schen an und fragten, wie es mir gehe. Wenn ich nur sagte, daß ich mich ein wenig beschäftigt habe oder daß ich mich ruhig fühle, waren sie so zufrieden, als hätte ich eine lobenswerte Leistung vollbracht. Ich war nicht verwöhnt, was Nähe betraf, und es machte mich wirklich zufrieden, wenn ein Arzt aufmerksam und - wie mir schien - fast sanft meinen Arm anfaßte und Insulin injizierte. Wenn ich dann auch noch mit einer Zuckerspritze geweckt wurde, begriff ich schon kaum noch, wieviel Interesse man mir entgegenbrachte.
Dies halbe Jahr spielte sich fast alles ruhig ab, in Kleinigkeiten. Eine Geste, ein Tonfall, und ich hatte genug Stoff, einige Stunden eine Geste, einen Tonfall zu erinnern. Zu mehr war ich auch gar nicht bereit, meistens nicht.
In Kreuzlingen dann viele Wiederholungen. Die neun Wochen Bettlägerigkeit, die mir gut taten, waren ähnlich. Zwar wurde ich nur zu Beginn gefüttert. Aber ich hatte nichts zu machen. Man wusch mich. Neun Wochen mußte ich nicht aufstehen, keinen Schritt tun. Eine Sehnsucht wurde wach, es sollte so bleiben. Heiligabend waren ununterbrochen Menschen bei mir. Sie kamen zu mir. Ich nahm gute Wünsche und Geschenke entgegen und war selbst entschuldigt.
Vielleicht war ich diese Zeit am wenigsten allein. Oder ich war zwar oft allein, aber ruhig und ohne das Gefühl, etwas zu versäumen, was ich mir holen könnte. Ich konnte mir nichts holen. Das war nicht neu, aber jetzt sprachen Tatsachen dafür, die jedem einsehbar sein mußten. Mit dem Wieder-bewegen-Können kam zunehmend die Angst vor dem Wieder-bewegen-Müssen. Mein Körper eilte mir voraus, plötzlich lief ich wieder, ganz überraschend und ohne Übergang. Aber ich war doch nicht beweglicher geworden - im Gegenteil. Meine Unbeweglichkeit hatte sich verständlich machen können die neun Wochen, spürte so etwas wie eine Berechtigung, in der ich mich einzurichten begann.
Dann verschwand der Ausdruck meiner Unbeweglichkeit mit einem Mal. Ich suchte neue Ausdrucksmöglichkeiten. Es wurde gefährlich, weil ich nicht mehr im Recht war. Ich wollte gar nicht aufstehen müssen, immer weniger. Eigentlich ging es nur darum, Invalide nicht nur zu sein, sondern sein zu dürfen, anerkannt invalide. Besonders

dann, wenn man von mir Zukunftsperspektiven und Wachstumsprozesse erwartete. Ich war nicht bereit dazu. Die anderen waren dran. Ich wollte bekommen, was ich nur früher hätte bekommen können, in einer anderen Kindheit.
Dann sollte ich fort aus dem Bellevue, mein Zuhause verlassen, erwachsen sein und mich bewegen. Das war neuer Druck. Ich wählte den kleineren und legte meine Beine auf die Schienen. Es sollten nur die Beine abgefahren werden, schließlich wollte ich ja leben.
Die drei Jahre Psychiatrie hätten vielleicht gereicht, wenn beständige und kräftige natürliche Mütter dort Kinder gesucht hätten wie mich, und wenn ich nicht schon für den Weg bis dorthin zurück, den ich ja nicht ging, sondern rannte, die ganze Zeit und mehr gebraucht hätte.
Ich war angekommen, sicher. Aber es war ein Irrtum gewesen. Die Menschen hatten die ganze Zeit von der Idee eines Früher gesprochen, während ich lebendiges, mögliches Früher suchte. Wir hatten aneinander vorbei gesprochen. Nun waren sie fort.
Vielleicht war auch einfach die Zeitrechnung eine andere. Vielleicht gingen die Menschen, die mich vom Wegrand anfeuerten, davon aus, daß es das Früher, mein Früher, gegeben habe und ich es nur wiederfinden müsse. Ich glaubte aber zurückzugehen, um in die tiefste Vergangenheit, in ihre Hohlräume Zukunft einsetzen zu können. Zukunft würde beginnen in dem Moment zwischen Zurückjagen und Vorangehen, in dem Augenblick von Ankommen und Aufatmen.

Nachher

Die Suche nach den Akten

Es ist zehn Jahre her, daß ich mich erstmalig darum bemühe, an meine Anstaltsakten zu kommen. Ich gehe zu einem Arzt, der mir zu diesem Zweck empfohlen wurde, und bitte ihn, in Mainz, Kreuzlingen und Häcklingen die Akten anzufordern. Es kommt der Mainzer Abschlußbericht, sonst nichts.

Vier Jahre später nehme ich einen zweiten Anlauf, diesmal über einen befreundeten Chefarzt der Neurologie. In Mainz bin ich unbekannt, das Schreiben in die Schweiz kommt mit dem Vermerk »Firma seit Jahren erloschen« zurück, Häcklingen antwortet nicht.

Als ich mit meinem Freund Peter zu Besuch bei meiner Mutter in Mainz bin, rufe ich in der dortigen Uni-Klinik an und bitte darum, am nächsten Tag Einblick in meine Akte nehmen zu dürfen. Nach etwas Drängen und Jammern bekomme ich einen Termin. Die Psychiatrie ist umgezogen, wir betreten eine helle, sterile Halle, melden uns beim Pförtner an und werden ins Büro gerufen. Ein junger Psychiater besteht darauf, meine Akte zu erläutern. Peter schlägt vor, daß wir uns in die Halle setzen. Um Freundlichkeit bemüht, lauschen wir den psychiatrischen Ausführungen und erweisen uns als fachkundig genug, um alleine in den Verordnungsbögen blättern zu dürfen. Der Psychiater hat anderweitig zu tun und nimmt uns das Versprechen ab, die Akte wieder zurückzubringen. Nein, Kopien könne man nicht machen, der Kopierer sei defekt. Peter breitet die Zeitung aus, die er mitgenommen hat, und legt den Inhalt des Aktenordners hinein: »Geh schon mal zum Auto damit. Ich bleibe noch ein bißchen mit dem Aktendeckel hier sitzen.« Ich habe mir gar keine Gedanken gemacht, was ich tun würde, wenn es keine Kopien gibt. Der Vorschlag gefällt mir, und mit klopfendem Herzen verlasse ich zielstrebig die Psychiatrie, steige ins Auto und verriegele alle Türen. Das ist albern, aber es hilft.

Ich habe bis dahin erst einmal gestohlen, als ich von der Schweizer Klinik aus mit meinem Therapeuten in Nürnberg war. Er hatte in verschiedenen Möbelgeschäften teure Bestellungen aufgegeben für sein Büro, dann mußte er noch ein Mitbringsel für seine Tochter kaufen, und ich meinte, um die Rollen mal zu tauschen, ich bräuchte jetzt noch Schuhcreme. Wir fuhren also ins Untergeschoß des Kaufhauses. Ich wählte lange und mit Bedacht eine Dose aus, und dann sagte ich, nicht ohne Hinweis auf mein mageres Budget, die würde ich so mitnehmen, und steckte sie ein. Damals war es mein Therapeut, der unruhig wurde und mich eilig auf die Rolltreppe schob. Mir, der Psychiatriepatientin unter therapeutischem Schutz, konnte nichts passieren.

Als wir die Uni-Klinik weit genug hinter uns gelassen haben, kein Blaulicht uns verfolgt, keine Straßensperren aufgestellt sind, freue ich mich. So einfach ist das also. Man holt sich seine Papiere einfach ab. Der Anwalt, dem wir telefonisch unseren geglückten Diebstahl mitteilen, meint, wir sollen die Originale doch nach dem Kopieren am besten zurückbringen und uns den Empfang schriftlich bestätigen lassen. Es ist nicht viel zu kopieren, neben den Verordnungsbögen der Abschlußbericht, den ich bereits kenne, der Briefwechsel mit Prof. Langen und der Schweiz, die Erklärung meines Vaters, ein EEG und ein Haufen Formulare, u.a. die Anästhesieverläufe beim E-Schock und das Aufnahmeformular, das fett gedruckt der Hinweis schmückt: »ERINNERUNG! Bitte Duplikat des Leichenschauscheines ins Krankenblatt einlegen!« Glück gehabt.

Der Kampf um meine Schweizer Akte, die 300 Seiten stark ist, ist der mühsamste. Die »Firma erloschen«, der damalige Klinikleiter gestorben, mein Therapeut ahnungslos, bleibt nur der Hinweis, daß die Klinikakten im Universitätsarchiv Tübingen lagern und zu wissenschaftlichen Zwecken genutzt werden dürfen. Eine Anfrage 1993 dort wird nicht beantwortet.

Als mir zwei Jahre später Edmund Schönenberger, ein mit Peter befreundeter Schweizer Anwalt, anbietet, die Sache zu verfolgen, nehme ich dankbar an. Ich ahne nicht, wieviel Arbeit auf ihn zukommt. Ich glaube, Edmund weiß es von Anfang an, und er schlägt mir in einem Brief vor, da er schon Hunderte von Krankengeschichten gelesen habe, einfach irgendeine zu studieren, sie seien doch alle nach dem gleichen Muster gestrickt. Ich gebe ihm im Prinzip recht, bitte aber um Nachsicht für mein möglicherweise lachhaftes Interesse an dieser meiner eigenen Psychiatriegeschichte.

Edmund fragt zunächst beim Sanitätsdepartement des Kantons Thurgau an, der damals zuständigen Aufsichtsbehörde. Die meinen, daß die jetzige Venenklinik auf dem Areal der damaligen Psychiatrie wohl keine Psychiatrieakten haben dürfte und man sich an den früheren Betreiber, die Familie Binswanger, wenden müsse. Diese verweist an das Archiv in Tübingen, das wiederum eine längere Klärung für nötig hält und ausführt:

In der zwischen der Dr. Binswanger Sanatorium Bellevue AG Kreuzlingen und der Universität Tübingen vertraglich vereinbarten Benutzungsordnung für das hier verwahrte Binswanger-Archiv ist der Fall, daß Patientenakten an frühere Patienten des Sanatoriums Bellevue herausgegeben werden, nicht vorgesehen.

Nach mehr als vier Monaten mahnt Edmund eine Antwort an und verweist auf die Rechtslage. Postwendend kommt aus Tübingen die Mitteilung, die Eigentümerin der Akten, die Binswanger AG, habe eine Herausgabe abgelehnt. Mein unermüdlicher Rechtsanwalt erhebt Beschwerde beim Kanton Thurgau. Dieses teilt mit,

... daß diese Akten nicht mehr unserer Aufsicht unterliegen und daß wir rechtlich keine Möglichkeit haben, die Dr. Binswanger AG anzuweisen, die von Ihnen angeforderte Krankengeschichte herauszugeben oder zumindest Einsicht in diese zu gewähren.

Edmund wendet sich an den Anwalt der Binswanger AG, um zu erfahren, wer denn für die Zustimmung zur Akteneinsicht zuständig sei. Nach fünf Wochen weist der Anwalt »auf die unter dem Begriff Schutz vor sich selbst bekannte Problematik« hin und schreibt, die Entscheidung (...) kann nur von einem Facharzt für Psychiatrie getroffen werden. Daher möchte ich Sie bitten, mich an einen solchen Arzt weiterzuverweisen, der Frau Kempker behandelt hat und deren heutigen Gesundheitszustand zu beurteilen vermag. An diesen Arzt würden wir auf eine entsprechende schriftliche Anfrage die Krankenakten Ihrer Mandantin herausgeben. (...) Angesichts der geschilderten besonderen Umstände darf ich auf Ihr Verständnis für unsere Haltung zählen. Im Vordergrund stehen für uns das Wohl und die Gesundheit Ihrer Mandantin.

Als Marc Rufer, Arzt und PSYCHEX*-Mitglied wie Edmund auch, gerade in dessen Kanzlei ist, bescheinigt er, zur Zerstreuung der Bedenken, daß ich mich bester geistiger Gesundheit erfreue.

Nun kommt Fritz, mein damaliger Therapeut, ins Spiel. Er schreibt mir, ich hätte einige Unruhe in der Schweiz ausgelöst, bei Binswangers vermute man »mafiöse Umtriebe«. Die Akte sei ihm zur Durchsicht zugeschickt worden. Ich könne alles lesen, es werde mir aber nicht alles kopiert. Als ich diese Doppelbotschaft klären will, stoße ich auf Widerstand. Ja, sehen könne ich alles, bekommen aber nicht:

Ich wüßte nicht, wer ein Recht auf die Gefühle von Schwestern und Pflegern oder Praktikanten haben sollte, die sich verantwortungsbewußt über einen Menschen äußern, der sie gelegentlich bis an die Grenze strapaziert hat. (...) Wieso, sage mir, ist das Deine Krankengeschichte und nicht auch meine?

Ja, wieso? Im April '96, über ein Jahr ist inzwischen vergangen, erhalte ich die Kopien, ausgenommen die von Fritz aussortierten individuellen Rapporte. Mein Vorschlag, die Namen der Betreffenden zu schwärzen, und meine Zusicherung, diese Texte nicht für antipsychiatrische Umtriebe oder Rachegeschichten zu benutzen, stimmen Fritz nicht um.

Ich kenne die komplette Akte noch dunkel aus der Häcklinger Psychiatrie, wo ich darauf bestanden hatte, sie zu lesen.

Die Aufzeichnungen von meinem letzten Psychiatrieaufenthalt, den sieben Monaten in Häcklingen, sind dünn: eine äußerst fehlerhafte Vorgeschichte, Untersuchungsbogen, Fragebogen, Kassenkorrespondenz, Ab-

* Schweizer Verein zur Unterstützung von Zwangspsychiatrisierten, 1987 gegründet.

schlußbericht, keine Verordnungen. »Die persönlichen Notizen der Mitarbeiter habe ich Ihnen natürlich überwiegend nicht zugesandt«, schreibt der leitende Psychiater im September '95. Es ist eine fast unkomplizierte Geschichte. 1989 auf Anfrage eines Allgemeinarztes keine Reaktion. 1993 antwortet man mir, den Entlassungsbericht schicke man nur dem behandelnden Arzt zu. Das entsprechende Schreiben des Berliner Neurologen im selben Jahr bleibt unbeantwortet. Über meine Kontakte zum Bundesverband Psychiatrie-Erfahrener wird bei der Bundesdirektorenkonferenz Psychiatrischer Krankenhäuser im Juni '95 deren Vorsitzender, mein damaliger Anstaltsleiter Dr. Niels Pörksen, persönlich um Mithilfe gebeten. Er schreibt dann dem hiesigen Neurologen, daß er ohne eine Anfrage und meine Zustimmung doch gar nichts machen könne. Daß es diese Anfrage bereits in verschiedensten Varianten gab, haben ihm meine Freunde vom Bundesverband sicher nicht vorenthalten. Das Spiel wird noch einmal wiederholt, und über den Vorsitzenden der Bundesdirektorenkonferenz als Boten kommt dieser Brief an, der Entlassungsbericht wird geschickt. Nochmalige Anfrage und Bitte um die Gesamtakte, Antwort siehe oben.

Aus schizophrenen Kreisen

Ich bin nicht irgendwer
Ich bin es stark und schwer

Stark destruktiv, schwer depressiv
Fortschreitend fehlentwickelt
Krisenhaft pubertär, kataton und noch mehr

In Mainz meist schizophren
Borderline am Bodensee
In Norddeutschland neurotisch

Mit destruktiven Zügen
Auf schizophrenen Gleisen

Im September '95, zwei Jahre nach meinem zweiten intensivierten Anlauf, habe ich die Akten beisammen. Daß viele der Notizen des Pflegepersonals fehlen, ist schade, weil ich mich gerade an den alltäglichen Ablauf, die kleinen Geschichten, wenig erinnere. Es ist ärgerlich und enttäuschend, wenn mein langjähriger Therapeut es nicht verantworten kann, mir zu glauben, daß ich niemanden anschwärzen will. Es bleibt ein Abstand, vielleicht kein neuer, aber er bekommt zum ersten Mal Gestalt.

Ich hefte die Akten ab und stelle sie ganz unten in den Schrank. Die Eröffnung des Weglaufhauses steht kurz bevor, und es gibt viel und Wichtigeres zu tun als in alten Geschichten zu wühlen. Die Suche läuft nebenher, neben dem zermürbenden Verordnungs-, Amter- und Zuständigkeits-Hickhack in Sachen Weglaufhaus ist das Thurgau-Tübingen-Binswanger-Spiel eine Posse mit paranoidem Einschlag. Die Mainzer Methode war sicher vom Aufwand her die effektivste, aber sie setzt voraus, daß man sich an den Ort des Schreckens begibt. Allein hätte ich das nicht getan, und zum Glück war der Ort auch nicht mehr derselbe. Die Mühe um die Häcklinger Akte lohnt angesichts des mageren Ergebnisses kaum, andererseits ist genau dieses ein Beleg für mein immer nur vages Gefühl der großen Distanz dort. Sie kannten mich einfach nicht, sie hörten nicht zu.

Ohne meinen Freund, hilfsbereite Ärzte, den Bundesverband, den Schweizer Anwalt und meinen »Gutachter« wäre ich an keine der Akten gekommen, trotz eines grundsätzlichen Einsichtsrechts. Ohne einen langen Atem und eine gewisse Gelassenheit hätte mich die Aufforderung, einen Psychiater aufzusuchen, der mir bescheinigt, daß ich ihn nicht brauche, ebenso kränken und krankmachen können wie die Tatsache, daß es letztlich mein ehemaliger Therapeut ist, der entscheidet, was ich lesen darf. Ist es seine Krankengeschichte? Saß er tagein tagaus im Parkhaus und hat auf mich gewartet? War es seine ungeschützte Intimsphäre, wenn ich meine Tür nie zuschließen konnte, nach draußen aber nicht durfte? Wenn ich blind und wütig eine Verzweiflungstat nach der anderen begang und wußte, daß alle über mich reden? Wäre es mehr meine eigene Krankengeschichte, wenn ich netter gewesen wäre, einsichtiger, unauffälliger?

Winsen an der Luhe - ein Luftleben

Im Februar '79 liegt der Schnee meterhoch in Norddeutschland. Ich wohne unter der Dachschräge eines größeren Einfamilienhauses, gieße Öl in den Ofen, sitze an dem schweren Holztisch von meinem Vater und schaue durch das Fenster den Leuten auf der Straße zu. Ich mag ihr Frösteln, ihr Straucheln auf vereisten Stellen, ihre Ratlosigkeit angesichts der Schneemassen. Es ist eine Nebenstraße in einer kleinen Kleinstadt, die Leute laufen nicht einfach herum, sie kommen zu bestimmten Tageszei-

Winter 1979

Winter 1979

ten um bestimmte Ecken. Über das unbewegte Fensterbild mit viel Himmel, ein paar Häusern, Vorgärten und einer Weggabelung gleitet, einer mir noch fremden Ordnung folgend, in unregelmäßigen Abständen Leben. Mal hakt es sich fest an einem Gartenzaun, mal saust es vorbei, meist bewegt es sich aber in gemächlichem Schrittempo.

Ich sitze in meiner arbeitstherapeutisch erdfarben gestrichenen Wohnung auf Kunstrasenfliesen, umgeben von Bildern, Matratzen, buntgepinselten Kommoden aus dem Möbellager, lausche dem Brummen des Kühlschranks, den Verrichtungen der Nachbarn und habe nichts mehr zu tun. Das Nest ist gebaut, jetzt fliege ich aus und suche mir eine Liebe. Geht es so? Wie geht Leben?

Übergangslos

Als hätte ich geträumt,
drei Jahre lang geträumt
von großen Kräften und gefräßig Dunklem.

Als ende Traum mit nächstem Traum
von großmächtiger Müdigkeit
und Regenpfützengrau.

Als wolle ich nicht wach
werden um jeden Preis.

Ich bin fremd in Winsen, wo alle sich zu kennen scheinen. Die beiden Dachnachbarn sind ein Risiko eingegangen, als sie mich zu sich holten. Werde ich ihnen das Leben zur Hölle machen, ihnen die Psychiatrie ins Haus tragen? Sie wollen mich erfolgreich in die Welt gehen sehen. Gegenseitig beobachten wir uns aufs schärfste, unauffällig, ständig, freundlich.

Februar 1979

Katholisch gemästet und psychiatrisch geschlachtet in Mainz am Rhein, im heißen Daseinsrauch der Schweiz gereift und abgehangen in den Kühlkammern des Nordens lande ich - luftdicht in bekömmliche Portionen verpackt - auf dem Markt. Man wirft mich nicht, läßt mich erst einmal ankommen. Aber dann ist auch gut, ich bin verderbliche Ware. Ich biete mich an, unter verschiedensten Etiketten: ein Häppchen Freundlichkeit für die Nachbarn, ein Zipfel Zukunft fürs Amt und die Eltern, die Restekiste fürs Phantom. Nachts nage ich an den unverkäuflichen Knochen und diesem Sehnen, das niemand mir abnimmt. Jeden Morgen sammle ich meine Reste zusammen und formiere sie neu.

Stell dir vor, du hast dich plötzlich satt. Du verläßt dich und überläßt dich deiner Verlassenheit, die schon immer die lauteste war. Du weißt nichts und willst nichts wissen von dir, denn du denkst dauernd an dich da zurück. Du bist irgendwo weit fort. Du kommst dir zu Ohren. Stell dir vor, und dann willst du schlafen. Aber wer will das? Stell dich vor dich hin und erfinde dich als Gutenachtgeschichte.

Mein Vater bringt mir bei einem seiner »Ich-bin-grad-in-der-Nähe«-Überfälle die Rettung, eine große mechanische Schreibmaschine. Die schwere alte Triumph steht auf dem massiven Holztisch und ruft mich an ihre Tasten. Wenn ich nachdenke, schweigt sie geduldig mit, sie teilt laut hämmernd meine Empörung, seufzt erleichtert bei jeder Zeilenschaltung und mahnt mich mit Buchstabenstau zur Gelassenheit. Ich schreibe mir auf ihr den Kopf klar und Verständigung zu. In Briefen schreibe ich mich in die Zukunft hinein.

Beim Schreiben finden meine Gedanken Buchstaben und kommen endlich einmal an die Luft.
Manchmal wünsche ich, wenn es ein Brief ist, daß die Post zu streiken beginnt noch am selben Tag oder daß ein feinsinniger Briefträger spürt, der Brief soll ja gar nicht ankommen, und ihn zurückbringt. Aber wenn die Briefträger dies Gespür hätten - und vielleicht

hat es der eine oder andere von ihnen wirklich, dann wären alle meine Briefe zu mir zurückgekommen. (27.5.79)

Bevor das große Schweigen mich in seine geduldige Obhut genommen hat, schreibe ich schnell noch diese Karte. Sie soll mein Versuch sein, das große Schweigen hinauszuzögern oder gar vorläufig in die Flucht zu schlagen. Sprachlosigkeit soll bei mir gar nicht erst Einzug halten wollen. Andererseits pocht sie schon seit Tagen an die Tür. Deshalb muß ich mich wappnen. Ich werde sie mit Nichtachtung strafen, und sie wird mich, hat sie die Tür aufgebrochen, eifrig schreibend über den Tisch gebeugt hier vorfinden. (16.6.79)

Es sind immer Wörter, die mich umzingeln. Mal schlage ich sie mit Wucht in die Maschine, mal fahre ich mit der Feder fein übers Papier. Das sind die verschiedenen Gespräche, die wir miteinander führen, die Wörter und ich. Die Wörter spiegeln mir erfundene Wirklichkeiten vor, die ich zwar durchschaue als lauter Notlügen, aber auch ein bißchen wie echte Wirklichkeiten behandeln muß, damit sie mich nicht für undankbar halten, denn schließlich halten sie mich ja am Leben. Es sind Lügen, die ich mir gestatte, weil sie mir Stoff geben für die anderen Lügen, um mich nach außen leise und unauffällig und sozusagen anspruchslos zu halten. (24.8.79)

Wissen Sie, daß ich ein Phantom habe? Ich habe es mir wieder zugelegt vor einigen Monaten, nachdem ich es über ein Jahr lang vernachlässigt hatte. Es ist ein gutartiges und absolut verläßliches Phantom, hat einen Namen, eine Adresse, lebt in der Schweiz und schreibt dort. Ihm schicke ich Briefe, die für alle anderen zu rücksichtslos und unvorsichtig wären. Aber mein Phantom weiß sich in Sicherheit, und manchmal - wenn es gerade Lust hat - schreibt es zurück. (16.9.79)

Es ist gut, daß ich Dir schreiben kann. Wenn ich einen Brief geschrieben habe, habe ich mich für zwei Tage überdauert. Kurz vor dem gelben Kasten bin ich auf der Hut, an jeder Ecke droht ein

Überfall, an jeder Straße ein Unfall, überall dazwischen ein (Herz-) Anfall. Aber dann, wenn der Brief im Kasten ruht, kann nichts mehr geschehen. Ich bin in Sicherheit. (28.2.80)

Der Weg zum Briefkasten ist weit in Winsen. Ist die Post abgeworfen, bin ich frei und wandere gerne abends und nachts auf dem Elbdeich herum. Der riesige Winterhimmel mit dem schon fast aufdringlich nahen Mond, die Mischung aus Weite, rauhen Winden und Menschenleere, einzelgängerische Baumriesen, sich demütig duckende Fachwerkhäuser und daneben unbeeindruckt der Fluß. Ich denke an alte Wintermärchen, an das Holzfällerbild von Ivan Generalic, das über der Hängematte in meinem Mainzer Zimmer hing.

Gestern noch: Der Mond hat Farbe bekommen. Es geht ihm wieder besser. Und heute: Die Verabredung platzt. Der Mond schickt eine Straßenlaterne. Sie lügt so schlecht, und alles wird ein bißchen fraglich.

Wir wandern in die Nacht, sobald der Tag zu drohen beginnt. Wir lachen mit Ankunft der Trauer und verlieren so alle Zähne. Wir vergessen das Rot und das Gelb und erschrecken vor der Natur. Die Lieder verbergen wir und ein Gähnen, wir wissen nicht mehr den Text. Vor roten Backsteinen schweigen wir, die Geduld von uns allen soll sie zum Sprechen bringen.

Als mich Reiner besucht, mit dem ich im Wald um Häcklingen Giftpilze gesucht hatte, gehen wir barfuß und rückwärts über den Deich. Er hat eine Theorie, daß das angemessener sei. Reiner ist ein häufig bekiffter und sehr zufriedener Mensch mit einem breiten Lächeln in einem runden Gesicht, umrandet von langen braunen Locken. Es ist alles ganz easy, Zukunft kommt von selbst. Im alten Käfer fahren wir bei offenen Fenstern und hämmernden Bässen nachts nach Hamburg. Vorbildlich alternativ, lebt Reiner mit geklautem Strom in einer Fabrik. Die Katze liegt im Sessel, die taz auf dem Küchentisch, wir tragen geringelte T-Shirts. Auf dem Hochbett schlafen wir miteinander. Am Morgen klaut Reiner die Erdbeeren fürs Bio-Müsli im Supermarkt, die Katze schlabbert ihr Schüsselchen leer, und wir verabschieden uns lässig. Es ist alles ein nettes Spiel. Ich spiel es ganz gern, wenn auch bei meinem nächsten Besuch die Karten schon ganz anders verteilt sind. Aber ist das Leben? Geht es so?

Ich bekomme Besuch, die Geschwister reisen an aus Hildesheim, Mainz und Zürich. Ein schweigsamer Landwirt, der in der Anstalt auf der Nachbarstation war, bringt mir eine junge Katze. Nachts bestellt er die Felder, stellt seinen Traktor auf Furche und läuft im unwirklichen Scheinwerferlicht nebenher. O., die Frau aus der ersten therapeutischen Wohngemeinschaft, die bei einem Fenstersprung ihre Schneidezähne verloren hat, übernachtet bei mir und bringt mich mit einer grausamen Aktion ins Grübeln:

Aberglauben vorwärts und rückwärts

Hätte ich gestern nicht zugeschaut, als O. behaartes Eisbein schluckte und eine Honigbiene in Brand setzt, schlüge die Kreuzspinne heute eine andere Richtung ein.
Gestern die Kreuzspinne läßt mich heute fürchten, eine Wespe im Glas sinne auf Rache und das spärlich behaarte Eisbein könne O.'s Magen zertrampeln.

Einmal besucht eine andere Häcklinger therapeutische Wohngemeinschaft meine Nachbarn. Weil ich den großen Tisch habe, kommen alle zum Kaffeetrinken zu mir. Anschließend gehen wir spazieren, und ich gebe Birgit, der schönen stillen Künstlerin, meinen Schal.

Liebes Phantom, eine Chronik besonderer Art beschäftigt mich seit heute früh, als ich erfuhr, daß schon wieder eine Frau - ich habe sie gemocht - sich getötet hat. Es ist eine maßlose Verschwendung. Birgit ist tot. Eckehardt hat sich im Wald erhängt. Damals im Bellevue hat Jochen sich erhängt nachts im Zimmer nebenan, als ich nicht laufen konnte. Er konnte nicht mehr Klavier spielen. Brunhilde hat sich im Wald vergiftet. Jenny hat sich auch vergiftet, aber im Hotel, wie damals Brigitte, und Edina, als das Bellevue kaputtging. Aber Monika

hat sich verbrannt in der Wohngemeinschaft, obwohl alle von ihrem Vorhaben wußten. Und vorher ist Antje dort aus dem vierten Stock gefallen. Sie läuft jetzt wieder oder hinkt wie damals Monika. Annemarie ist gelähmt, obwohl das nur der erste Stock war, und das war mein Fenster. Letzten Monat hat sich ein Mädchen aus der Wohngemeinschaft im Bäckfeld getötet. Jetzt Birgit. Du darfst nicht denken, es sei nicht wahr. Jeden Monat ein Toter. Von jedem ein Bild im Kopf.
Birgit in Winsen auf dem Deich. Da war es eiskalt. Vorher in meiner Wohnung beim Essen. Später in ihrem Zimmer, in der Küche, sie hat kein Wort gesagt. Sie hat schöne Bilder gemalt und ein feines Gesicht gehabt, eine tiefe, liebe Stimme. Aber sie hat zu viel im Bett gelegen.
Es ist eine Chronik, eine persönliche Statistik.
Brigitte war Goldschmiedin. Sie hat den Binswanger gemocht. Jetzt hängt in seinem Zimmer ein Clown, den sie gemalt hat, in Öl. In seinem Zimmer ist noch ein Clown, eine Marionette. Die könnte Edina gemacht haben. Sie hat auch einen Leichenzug gemalt, der hängt hier in Nürnberg bei meinem Therapeuten. Sie hing am Bellevue.
Aber Jenny hat nie etwas gemacht. Sie war nur vornehm und still und hatte einen riesigen Hund. Im ersten Stock saß sie im Sessel und hat zugehört und gelächelt. Kurz darauf war sie tot.
Und Jochen war Pianist, seine Brüder waren Rechtsanwalt und Richter. Er war noch jung und gab Konzerte. Wegen ihm wurde im Kleinbau ständig das Klavier gestimmt. Als er wiederkam, waren seine Hände nicht mehr schnell genug, und er hatte viel Kopfweh. Ich habe ihn an seinem letzten Abend reden gehört vor meiner Tür mit Schwester Annemarie wegen einer Tablette. Damals habe ich alle Schritte gekannt, weil ich nicht aufstehen konnte. In der Nacht hätte ich hören müssen, wie er einen Tisch unter das Fenster gerückt hat. Keiner hat etwas gehört. Boleslav hatte Nachtwache und ist später wochenlang stündlich von Tür zu Tür gegangen und hat die Atemzüge erlauscht.
Eckehardt war schon älter. Er ging wie ein Roboter und sprach mit leiernder Stimme. Keiner hat begriffen, wie er es geschafft hat, sich

einen Strick zu besorgen und im Wald aufzuhängen. Es war Winter. (24.1.80)

Mit den Toten lade ich mir Schuld auf, die Schuld, nicht dabei zu sein, obwohl ich zu ihnen gehöre. Die doppelte Schwerkraft, die mein Therapeut mir attestierte, beruht sie nicht auf dieser Schuld, am falschen Ende zu schreien?

Diese dumpfe Schwere kommt aus einer anderen Zeit, sie paßt nicht in den Winsener Frühling und nicht zu den Erfolgserwartungen, die mich begierig ans Licht ziehen wollen. Absolut stumm und unabweislich zeigt sie mir die Richtung und überführt mich des Verrats, wenn ich in den Alltag flüchte.

Es ist eine Tiefe, in die fällst du nicht, die ist da von Anfang her. Eine Tiefe und Schwere, die irgendwo weit unter der Erde dir den erstmöglichen Grund bieten. Die Schwere ist dein Gut. Das einzig Dauernde an dir ist die Schwere. Schwere ist Einigkeit, Leichtes Verflogenheit.

Gib acht, wenn du unter Menschen bist. Sie fallen nicht aus der Rolle. Sie registrieren scharf jedes überflüssige Wort. Morgen streichen sie dir's aufs Brot. Gib acht, sie zahlen es dir heim, jedes Wort doppelt, morgen. Sie berühren dich nicht. Denk nicht, es seien Menschen, die berührt sein wollen. Es sind andere. Sie merken rechtzeitig, wann Sehen tödlich wird. Berühr sie nicht. Um Gottes willen, berühr sie nicht. Du berührtest nur all ihre Ängste.

Wenn du merkst, irgend etwas erwartest du, sei still. Deine Erwartung muß immer auseinander treiben. Erwarte kein Wort, keinen Blick, erst recht keine Hand, keine schützende. Sie fürchten, du reißt sie ihnen aus. Sie wollen auch etwas, aber nie von dir. Schau ihnen zu, sei da, sei ganz Ohr, ganz Auge. Ganz, sei ganz. Denk, es sind die letzten Minuten. Denk es all die Jahre. Achte auf die Farben, auf die Töne der Augen, der Hände, auf die Stimmen. Achte auf alles, als solltest du alles dir merken.

Gib acht. Sei selber Luft, aber Luft, in der sie sich spiegeln können. Denk dich hinein in sie, aber bleib draußen. Staune sie an bei allem, in allem. Sie lieben ihre stummen Verehrer, die nichts wollen, keinen Schritt näherrücken, nur von irgendwoher staunend alles sehen. Sei ihr stummer Diener. Sie lieben dich für jede Bügelfalte, die du ihnen bis zum Morgen erhältst.

Man fängt an zu atmen, einfach, irgendwann, und dann bringt man es nie zu Ende. Ich werde zu allem, was ich sehe und höre. Dann bin ich es ganz und wie immer. Aber man sieht und hört mit jedem Atemzug anderes und erschrickt. Irgendwann und dann. Man ist müde, aber man ist es gewohnt, müde zu sein. So ist man nur noch müde, wenn man ganz müde ist. Man möchte sich sehen und sieht vor sich stehend durch Haut hindurch sich fallen. Man möchte sich aufrichten, beugt sich herab zu sich, doch dazwischen ist Haut. Man wird absehen müssen von sich.

Meine Hand ist schwer geworden. Nur unter Mühe läßt sie sich noch herumreichen.

Im Mai ’79, drei Monate nach meiner Entlassung, beginnen mein Vater und meine Mutter, mir Druck zu machen. Sie knüpfen die monatliche Überweisung von je 300 DM an Bedingungen. Ich soll eine Arbeit oder eine Ausbildung machen, zum Sozialamt brauche ich gar nicht zu gehen, das wende sich eh nur wieder an sie.

Meine Eltern haben vor der ewigen Psychopathin weniger Angst, will mir scheinen, als vor einer Tochter, die keine geregelte und zeitlich festgelegte Ausbildung macht. Beide sind Beamte. Die ganze

Schuhe wollte ich kaufen.

Existenzangst meines Vaters schlägt sich in Geldnöten nieder, die gar nicht sein müßten, wenn er sie nicht so bräuchte. Er kauft sich ein Gutshaus mit zwanzig Zimmern, schafft sich Pferde an, sammelt alte Möbel, verkauft das Haus, kauft ein neues mit mehr Land und Stallungen... Aber er leistet sich keine Leberwurst aufs Brot und keine Butter, trägt kaputte Schuhe und lebt in ungeheizten Räumen. Außerdem ist er überzeugt, daß seine vier Kinder ihn ruinieren, er sich also vor ihnen und ihren Forderungen schützen muß. (9.5.79)

Ich führe Buch über meine Ausgaben, 300 DM schlucken Miete, Öl und Strom, die andere Hälfte geht für Essen, Telefonate, Briefmarken, Schreibzeug, Fotos, Fahrgeld und die Katze drauf. Es ist nicht nur zu wenig, es ist mir nicht einmal mehr sicher.

Ich stelle mich in der Winsener Buchhandlung vor, wo eine Verkäuferin gesucht wird. Der Inhaber, ein freundlicher alter Herr, bittet mich in sein Büro und fühlt mir auf den Zahn. Wer mir am liebsten sei, Böll, Frisch oder Walser? Ich setze auf Frisch und scheine meine literarische Urteilskraft damit bewiesen zu haben. Der Buchhändler erläutert mir schon die Arbeitsbedingungen, da stolpere ich über meine Vita. Was ich denn gemacht habe seit dem Schulabgang? Ja also, ich sei herumgereist und auch mal länger krank gewesen. Krank? Die Alarmglocken schrillen. Was denn für eine Krankheit? Als das Wort Psychiatrie fällt, wird dem alten Herrn schlagartig klar, daß er gar keine Verkäuferin mehr sucht. Mit einer Geschwindigkeit, die ich ihm gar nicht zugetraut hätte, ist er an der Türe und komplimentiert mich hinaus.

Da ich in einigen Bundesländern mit meinem Abschluß der zwölften Klasse und einem längeren einschlägigen Praktikum die Fachhochschule für Sozialarbeit besuchen kann, fahre ich zusammen mit meinem Nachbarn Dietrich nach Putensen in die therapeutische Gemeinschaft von Dr. Thiemann, dem ehemaligen Leiter von Häcklingen. Inmitten der versammelten Bewohner und Besucher thront Emil Thiemann, ein warmherziger Mensch, der die Fäden in der Hand hält. Ich sitze dabei und finde meinen Anspruch, dort arbeiten zu wollen, anmaßend. Gehöre ich nicht eher auf die andere Seite, auf die der Nehmer? Was habe ich zu bieten? Zurück in Winsen, schreibe ich nach Putensen, warum ich das Praktikum nicht machen kann. Ich sei

> ... das ewig-kreisende Stehaufmännchen, das nichts kann als Fallen und Aufstehen und immer nur im allerengsten Radius der eigenen notgedrungenen Gestalt, das Ausgeglichenheit nur kennt als Starre und Unberührbarkeit, das genug hat vom Schwindel im Kopf und den von eigener Schwere platt- und lahmgewalzten Füßen.
> Es will ganz fallen, doch der aufgeblasene Körper hindert. Es will sich die Augen auskratzen und die Gehirnwindungen geradeziehen, doch auch die Arme sind unbrauchbar, längst verwachsen mit Blasebalgbauch. Es will um sich schauen und rufen, doch ganz ohne Hals ist sein Kopf stumm und unbeweglich, nichts als mißratener Zwilling von Blasebalgbauch.

Herr Thiemann ruft zwei Tage später bei meinen Nachbarn an und will mich sprechen. Er bedauert meine Entscheidung und meint, ich solle sie überdenken. Er spricht von meinem Brief und sagt »Poesie«. Ich bin glücklich über dieses Wort.

Mein nächster Gang gilt dem Arbeitsamt, der Berufsberatung in Hamburg. Um festzustellen, »ob Maßnahmen beruflicher Förderung Behinderter angezeigt sind«, soll ich mich einer psychologischen Eignungsuntersuchung unterziehen.

> Vorgestern war ich auf dem Arbeitsamt, eine Eignungsuntersuchung, die den ganzen Tag dauerte. Ich erfuhr, ich eigne mich für alle Berufe, meine Intelligenz sei intakt. Gleichzeitig meinte der Arbeitsamtsmensch, ich müsse Therapie machen, nur in einem Berufsförderungswerk könne er sich mich vorstellen.

Ich glaube, ich werde nie mehr wissen als jetzt und nie weniger. Nicht mehr Richtungen wechseln, sie erst gar nicht einschlagen. Gedanken versteinern, wenn sie an die Luft kommen. Manchmal denke ich lange Zeit nur noch in Leere, nicht mehr in Wörtern. (16.6.79)

Soll ich nach Nürnberg ziehen und bei Fritz ambulant Therapie machen? Soll ich Behinderte werden, Schwerbehinderte?

Wolfgang Binswanger schreibt mir aus der luftigen Höhe seiner neuen Praxis im neunten Stock des MIGROS-Hochhauses. Von dort blickt er hinab auf das wogende Bäume-Meer des Bellevue, dessen Leitung ihm entrissen wurde. Sein Nachfolger (bis zur Schließung im März '80) kommt aus Australien.

Große Freude, großes Staunen, daß Sie mir schrieben. Aus den Tiefen des grünen Meeres, das Sie von oben sehen, höre ich öfters noch etwas.
Ich selber soll einmal mehr auf zu neuen Ufern. Manchmal denke ich, es ist egal, wohin ich gehe. Über kurz oder lang habe ich die Realität so weit manipuliert, daß ich wieder auf dem vertrauten Boden des Nichts stehe (der natürlich alles andere als ein Boden ist).
Ich spiele mit den Menschen, die Menschen spielen mit mir. Das nächste Spiel heißt: Denk dir deine Zukunft aus. Das spielen sie mit mir. Die anderen zählen bis drei. In der Zeit soll ich mir meine Zukunft ausdenken. Zukunft ist Beruf. Dann raten die anderen. Sie haben das Spiel gewonnen, wenn sie sofort die richtige Zukunft erraten. Es ist wichtig für mich, daß sie gewinnen. Sonst werden sie böse. Sie wissen nicht, daß Verlieren auch Spaß machen kann. (2.7.79)

Spätestens im September ist der Spaß vorbei. In einer perfiden Parallelaktion schicken mir beide Eltern je einen Antrag »auf Feststellung und Bewertung einer Behinderung nach §3 des Schwerbehindertengesetzes« zu, ohne weiteren Kommentar. Fürsorglich sind im Formular meiner Mutter bereits die anzukreuzenden Stellen markiert, selbst die Zeile »Unterschrift des Antragstellers« ist mit Bleistift angestrichen, damit ich weiß, wohin ich meine drei Kreuzchen setzen soll. Halten sie mich für komplett verblödet? Soll ich meinen eigenen Untergang in einer Behindertenwerkstatt in die Wege leiten? Wollen sie mich so auf Dauer steuerlich abschreiben? Denken sie nur an das Kindergeld und den Ortszuschlag, die ihnen gestrichen werden könnten, wenn mein Status nicht geklärt ist?

Fritz in Nürnberg halte ich brieflich auf dem laufenden:

> Ich lasse mir irgendwelche Auskünfte geben über Volkshoch-, Fach- und Fernschulen; habe ganz konkrete Fragen an Leute, von denen ich nichts wissen will; koche Essen für Gäste, die es nicht gibt; erzähle meiner Mutter am Telefon von was-weiß-ich-für-Plänen; melde mich beim Augenarzt an, bloß weil ich nicht weiß, was ich auf der Straße wollte; schicke wildfremden Leuten Geschriebenes zu; warte seit dem Wachwerden auf den Briefträger und krieg einen Schreck, wenn tatsächlich was im Kasten ist; gehe erst aus dem Haus, wenn alle Vorbereitungen getroffen sind, was halbe Tage dauern kann.
> Wenn ich mit der überzeugtesten Stimme der Mutti oder einem Amtsmenschen oder den Nachbarn die dicksten Lügengeschichten erzähle und die zufrieden sind, bin ich es auch. Andererseits bin ich es gar nicht und denke bloß, es ist ein Gefängnis, und man soll sich gutstellen mit den Wärtern. So wie ich auf meine Scheinbemühungen angewiesen bin, so sind die anderen, die mit mir zu tun haben, angewiesen auf meine Das-habe-ich-vor-Geschichtchen und die Das-ist-ganz-einfach-Lügen.
> Ich habe mich immer im Verdacht. Mutti dagegen richtet ihre Gedanken so ein, daß sie von ihnen nicht belästigt wird. (15.8.79)
>
> Jetzt schreib ich schon wieder, und es sind furchtbar reale Dinge, die mir Übelkeit bereiten. Erst mal hatte ich die ganze Nacht Streit mit meiner neuen Katze Duda, die von einem Korb nichts hält. Nach stundenlangem Kampf hab ich sie ausgesperrt, dann wieder reingelassen und mich selbst verbarrikadiert. Und am Morgen kam ein bitterböser Maschinenbrief von meinem Vater. Er droht, nicht mehr zu zahlen, denn er bekommt jetzt kein Kindergeld und keinen Ortszu-

schlag mehr für mich. Er behauptet, kein Geld zu haben. Schimpft auf meine Faulheit. Schimpft sehr auf meine Idee, nach Nürnberg zu gehen, was er von Mutti wissen muß. Seine Vokabeln in dieser Sache sind: Rückschritt, unheilvoll, Schritt zurück, völlige Kapitulation, gelinde gesagt eine glatte Katastrophe. Er schlägt mir vor, auf sein Gut zu ziehen und ein »ganz normales Leben« zu führen, meine »Ausbildung fortzusetzen« (welche weiß ich nicht). In Rot hat er getippt, daß ich für die BVA ein ärztliches Attest schnell, sofort, sehr schnell beibringen soll, daß ich »aufgrund geistiger oder körperlicher Gebrechlichkeit außerstande bin, mich selbst zu unterhalten«.
Also, da hock ich nun, fühl mich geistig und körperlich gebrechlich höchstens als Folge dieses väterlichen Amtsbriefes und habe die größte Befürchtung, daß sein Mercedes jeden Moment hier vor der Tür steht. Denn ich schrieb ihm, und die Briefe müssen sich überschnitten haben. Vielleicht sollte ich die Wohnung besser verlassen. Aber die Katzen verstehen sich nicht, alles steht kopf, ich saufe Kaffee, der mir nicht einmal schmeckt, und zucke bei jedem Auto auf der Straße zusammen. Deshalb geh ich raus jetzt. Sollen die Katzen rumwüten. Soll er kommen und sie kratzen und fauchen hören. Das ist der reale Hintergrund meiner schwindenden Daseinsberechtigung.
Jetzt bin ich auf dem Deich. In Opas toten Wollsocken, einem uralten Schal vom Vater und dem schwarzen Poncho von der Mutter. Der Kugelschreiber muß geklaut sein. Die Uhr ist von Marc. Nur Hose und Pullover sind alt genug, zu mir zu gehören. Und die Schuhe hat auch noch nie ein anderer getragen. Mir ist reichlich komisch. Die Wiesen und der Wind fressen mich auf, irgendwo quietscht es nach Katzen. Befürchtung zur Rückkehr: Katze hat Katze gebissen, ist tot. Ich weiß nicht, soll ich ihr danken oder ihr Köpfchen zerquetschen.
Es windet sehr. Wind schlägt Schilf. Rispen schlagen Wellen, die vom Wind kommen. Kalt ist's. Fieser Hund kommt. Ich geh besser. (17.9. 79)

Auf dem Deich, Frühjahr 1979

Liebes Phantom,
Hoopter Chaussee, auf der Flucht im Regen:
Herr Stoffregen wirft Augen in Glas und weint nur noch selten.
Nieklas Fieber entrinnt Vater, Vater schwitzt kleine Morde.
Nieklas Fieber entronn Vater, traf auf Regen. Regen fällt immer noch.

Gestern ein Türschild »Willi Stoffregen. Jäger« hat endlich alles erklärt.
Du hast recht. Erst wenn der dicke Tod sein Podest verlassen hat und mitten im Leben steht, so selbstverständlich, so sehr und so wenig wie alles, so zwingend wie essen und schlafen täglich gestorben sein will und wie Herz und Lungen zu den Innereien zählt, hat er die eigene Stimme. Dann ist er da und fällt nicht weiter auf. Wenn er, als Krebs oder sonstwie angezogen, sich durchgefressen hat von der dichten Mitte bis zu den knochig-schwartigen Rändern und ihm nichts mehr schmeckt, der süße Schmerz runtergespült ist, dann ist er da. Und es macht bloß noch verlegen, daß man ihn so lange in den Wolken oder weit unter der Erde vermutete, wo er die ganze Zeit schon einfach, dreist und gefräßig mit den eigenen Füßen auf die Erdplatte klatscht.
Es ist der Vater. Ich erwarte ihn jeden Moment. Dann kommt er auf seinem schwarzsitzigen Mercedes und radiert mich aus. Ich habe die Wahl, zu ihm zu gehen unter die Pferde oder mir meine geistige Gebrechlichkeit ärztlich attestieren zu lassen zwecks Behindertenstatus.
Über die Stadt Nürnberg und ihre Umgebung hat er den Fluch gelegt. Dort wird spätestens bei meiner Ankunft die alte Pestbeule aufbrechen und die Straßen überschwemmen.
Die väterlichen Existenznöte wachsen mit der Zahl seiner Pferde, die wie Seuchen, Gewitter oder Kinder über ihn hereinbrechen. (18.9. 79)

Ich orientiere mich Richtung Nürnberg, erkundige mich nach Ausbildungsmöglichkeiten, um dem Berufsförderungswerk zu entgehen.

Drei amtliche Briefe heute. Zwei Fernstudieneinrichtungen wollen werbend meine Zweifel, die ich wohl mit allen teile, beseitigen. Das Arbeitsamt in Nürnberg hat seit Monaten keine Buchhandelslehrstelle zu vergeben. Es grüßt freundlich, in Hamburg sei man zuständig für mich.
Die Katze werfe ich gleich in die Luhe, wenn sie nicht Ruhe gibt. Sie ahnt nicht die Gefahr, in die sie sich lärmt.
Warum schreibt kein Mensch? Warum kommt die monatliche Überweisung nicht? Wie konnten die Unterlagen vom Sozialamt unterwegs verloren gehen? Aus welchem Grund schickt der Vater der Mutter den Durchschlag eines Briefes, der haßerfüllt an mich gerichtet war? Die konkreten Fragen von heute morgen, die den abstrakten in nichts nachstehen.
Der Nachbar hat frei. Statt mir zu raten, beim nächsten Mal besser hundert oder noch besser tausend Kapseln zu essen und ohne Rum, soll er mir seinen todsicheren Tip verraten oder hier anklopfen und nicht immer an der Tür vorbei die Treppe runter und hoch und runter laufen.
Die Katze erbricht. Insgeheim hoffe ich, daß die andere, größere von nebenan sie auffrißt mitsamt des noch-zu-Erbrechenden.
Ich schreib euch nicht mehr. Die Phantasie ist der Kühlschrank, in dem die Geister sich länger halten als an der lauen Luft. (19.9.79)

Herbst 1979

Lieber Fritz, Bayern ist ein scheußliches Land, zumindest was die Schulen betrifft. Es gibt ein Nürnberg-Kolleg, wo »vorwärtsstrebende junge Menschen mit guter Begabung und einwandfreier Führung« nach drei Jahren ganztägigem Unterricht das Abitur machen können, wenn sie vor der Aufnahme die Ausleseprüfung bestanden haben. Die umfaßt einen Intelligenztest und Arbeiten in Deutsch, Mathematik und Englisch und schließlich ein Kolloquium, um »besonders die Urteils- und Denkfähigkeit des Bewerbers festzustellen«. Natürlich muß man einen Beruf und sich darin bewährt haben, die Anschriften aller früher besuchten Schulen und ein polizeiliches Führungszeugnis neuesten Datums einreichen. Das Fach Religion ist verpflichtend. Warum leben Sie in Bayern? (28.9.79)

Neueste Schreckensmeldungen:
Die Katze hat die Katzenseuche.
Der Vater ist empört und läßt die Mutter mir mitteilen, er sei empört und zahle nurmehr die Hälfte.
Der Vater stellt auch die Zahlungen an die ältere Schwester ein, die »wieder bei diesem Kerl in der Schweiz« ist.
Die kleine Schwester ist aus dem Internat nach Essen geflohen.
Im Arbeitsamt sieht man keine Arbeitschance für mich.
Klaus hat in der Station III die Tür eingetreten. Sie haben ihn rausgeworfen. Er läuft in der Stadt rum und hat die Südfrankreichreise verschoben.
Günter haben sie in Dortmund gefunden. Er wollte arbeiten, ist jetzt im Landeskrankenhaus.
Im Schifferwall, einer therapeutischen Wohngemeinschaft, hat sich Monika mit Benzin übergossen und angezündet, weil die in Häcklingen und im Landeskrankenhaus sie nicht aufnehmen wollten. Ihre Haut ist zu 80% verbrannt, sie soll noch leben.
Erfreulich:
Die Katze wird die Katzenseuche überleben.
Dietrich, der Nachbar, ist weg, und ich darf ein Pfund Gehacktes aufessen, damit es nicht schlecht wird.
Das Lüneburger Bestattungsinstitut hat Veilchen im Schaufenster.

Die Mutter sagt, in Lüneburg solle es einen engagierten Pfarrer geben.
Der Mann im Arbeitsamt hat mich gleich wiedererkannt.
Dienstag ist die Scheidung der Eltern.
Ich habe aufgehört mit Denken. Sammle jetzt nur noch Tatsachen. Die stellen alles Denkbare in den Schatten. (5.10.79)

Ich habe mich inzwischen arbeitslos gemeldet und soll, wenn Bedarf ist, in einer Gärtnerei arbeiten. Dann hat meine Insektenphobie wieder ordentlich Nahrung. Ich trete die Nachfolge von Großonkel Franz an und werde, wenn ich um die funfzig bin, auch darum bitten, immer ein Schälchen reines Wasser neben meiner Grabstatt stehen zu haben, »damit ich, wenn's hoch geht, saubere Hände habe und meine Freunde begrüßen kann.« Der Franz muß am besten gewußt haben, wieviel Erde gerade unter der Erde ist. (9.10.79)

Der Ofen heizt. Die Katze schnurrt. Die Tabletten töteten nicht, nicht mich, auch das Minus im Konto nicht. Ich schreibe viel, nehme den nächsten Umzug in Angriff und trotze mit fieberndem Kopf dem Winter. Weil alles Konkrete (Vater, Ämter, Rechnungen, die unglaublichen Zwänge des Freistaates Bayern) es bös mit mir meint, hole ich tief Luft. Im Norden gibt's noch genug davon, die Bayern müssen nach ihr schnappen. (6.11.79)

Im Sommer fahre ich mit meinem Karnickelschein, der Kinderreichenermäßigung der Bundesbahn, nach Kreuzlingen, wo ich Wolfgang Binswanger im Hochhaus besuche und bei Gaby wohne, der Beschäftigungstherapeutin, die inzwischen auch das Bellevue verlassen hat und eine Töpferwerkstatt betreibt. In Nürnberg besuche ich Fritz und seine Familie, in Essen meinen sterbenden Großvater.

Gestern ging ich wieder mit zum Opa. Hab's in dem Zimmer nicht lange ausgehalten. Wir bewegen uns fort von ihm, er will zurück zu uns. Oma werden die Besuche im Krankenhaus zu lang. Opa will nach Hause, es sterbe sich leichter dort.

Neben ihm liegt ein älterer Mann, dessen Brustkorb wie zementiert ist, seine Lunge sitzt voll Gesteinsstaub, ein Leben für die Braunkohle. Dann noch eine Frau, die sich verschluckte und nicht spucken konnte, in Atemnot geriet. Opa mußte würgen, als er sie hörte. Hier sind die Menschen alt und zeigen Zähne. Aber was für Zähne. Opas Gebiß ist zu groß und fällt immer wieder herunter. Ich sitze in der Küche. Wir haben gegessen. Oma nur wenig, als sei es ein Verrat an Opa, der nichts mehr essen kann.
Ich werde morgen zurück nach Winsen fahren, fiebrig, Kopf schwer und zu. Opa merkte gleich an meiner heißen Hand, daß ich Fieber habe. Da hab' ich's noch nicht geglaubt. Ich dachte, seine Hand sei schon kalt. (24.7.79)

Heute haben sie meinen Opa unter die Erde geschickt. Sechs schwarze Zylindermänner seilten ihn ab in die Erde. Dann verbeugten sie sich alle genau gleichzeitig und sehr tief. (4.8.79)

Es gab viele Tote in den letzten Jahren, aber niemanden, den ich sterben sah. Noch während er lebt, nehme ich Abschied von Opa. Und ich habe das Gefühl, auch Oma tut das. Wie einsam muß es sein, so zu sterben.

Liebes Phantom, ich komme eben vom Augenarzt und muß Dir erzählen, welch handfest-physikalische Erklärung sich gefunden hat für meine schlechten Aussichten in dieser Welt. Es ist nämlich ganz simpel. Meine Augen sehen nicht gemeinsam, sie teilen sich die Seharbeit auf, wobei das rechte Auge das bequemere ist. Also gibt es keine Perspektiven. Weil die Augen sich nicht zusammentun, ist alles aussichtslos, und der Sinn für Entfernungen ist gering.
Die neue Einsicht tut gut. Zwei unkooperative Augen und zwei Hände, die nichts miteinander zu tun haben wollen, der Rest ergibt sich zwangsläufig. So weit ist alles klar. Bloß daß nun ein Auge operiert werden soll. Das wäre nicht weiter schlimm, wenn der Arzt nicht freundlich-mitfühlend lächelnd gemeint hätte, es sei möglich, daß ich nach einem weniger günstigen Operationsverlauf doppelt sähe.

Nun darf ich mir aussuchen, ob ich auch zukünftig auf Perspektiven verzichten möchte und dem rechten Auge den Ruhestand gönne oder aber für bessere Aussichten das Risiko in Kauf nehme, immer in zwei Welten zu blicken.
Übrigens habe ich mir diese größeren Zusammenhänge nicht etwa zusammengebastelt, sondern der Augenarzt konnte mir nach wenigen Minuten das alles in einem Satz sagen. Er meinte: »Ihre Augen finden nicht zusammen. Das ist die ganze Misere.« Ich ließ mir nichts anmerken und tat leicht gelangweilt, damit er mir nicht noch mehr erzählte. (16.8.79)

Nachdem ich drei Tage mit einer Augenklappe herumgelaufen und am Ende ganz verwirrt bin, beschließe ich, das Thema auf sich beruhen zu lassen. Das rechte Auge wird seine Gründe haben, wenn es wegrutscht, statt mit dem linken gemeinsame Sache zu machen. Als halbe Links- und halbe Rechtshänderin habe ich meine Erfahrungen mit Dingen, die sich nicht von selbst verstehen.

Vielleicht sollte ich nur noch mit der linken Hand schreiben, wenn es irgendwie persönlich werden soll, und mit der rechten, wenn meine Gedanken sich ungestört miteinander unterhalten möchten.

Wenn das Gelächter wächst, verlieren die Kinder an Farbe

Meine beiden Nachbarn sind auf der Flucht voreinander, vor dem Alleinsein, vor dem Sprechen und Denken, und vor mir. Anfangs haben wir noch gemeinsam gegessen oder Spaziergänge gemacht, ich habe bei ihnen ferngesehen und telefoniert, sie konnten bei mir baden und ihre Gäste bewirten. Wenn ich sie verärgert, genervt oder ihren Kühlschrank beraubt hatte, malte ich ein Bild oder schrieb eine Geschichte dazu, wie es Kinder tun, die mit ihren beschränkten Mitteln etwas wiedergutmachen wollen. Als ich ihnen den Apfelkuchen weggegessen hatte, war es die Geschichte vom verwunschenen Sonnentag.

Die traurige Geschichte vom verwunschenen Sonnentag

Es war einmal ein Apfelkuchen, der hatte allerhand Schmach über sich ergehen lassen müssen. Er lag eines Abends im Kühlschrank von Bosch und fror gar jämmerlich.

Da kam ein warmer milder Luftzug in den Kühlschrank von Bosch, und der Apfelkuchen hängte sich geschwind an seine Ferse. Als der Luftzug aber an seiner Ferse die entsetzliche Kälte des Apfelkuchens zu spüren bekam, geriet er in Angst, und es schüttelte ihn und schneller, als er in den Kühlschrank gelangt war, verließ er ihn wieder, um seinen Luftbrüdern von der Fersenkälte zu erzählen. Doch in seiner Eile hatte der milde Luftzug ganz vergessen, daß die Fersenkälte immer noch an ihm hing, und so lachten seine Luftbrüder und Luftschwestern sich wirbelig, als sie die apfelkuchenbehangene frierende Ferse des warmen milden Luftzugs so schwer an ihm hängen sahen. Unser armer milder Luftzug begann jämmerlich zu weinen. Er weinte ganze Wolkenbrüche in seiner großen Scham und Verzweiflung, und es hätten die Tränengüsse kein Ende gefunden, wenn nicht plötzlich und wie aus heiterem Himmel der Gartenzwerg auf seinem Kunstrasenplatz sich herumgedreht und mutig eingegriffen hätte.

Der Gartenzwerg befahl den tosenden Winden Stille und griff dann mit beiden Händen nach dem Apfelkuchenanhängsel an des milden Luftzugs Ferse, die nun schon so müde und schwer war, daß der Gartenzwerg sich nach ihr bücken mußte. Da stellte er den frechen Apfelkuchen zur Rede, und der freche Apfelkuchen wurde ganz zerknirscht und sagte endlich mit leiser furchtsamer Stimme:

»Oh, bitte seid mir nicht böse. Ich will doch alles wieder gut machen. Ihr müßt wissen, ich bin gar kein frecher, kalter Apfelkuchen. In Wahrheit bin ich ein verwunschener Sonnentag. Ein böser nordischer Eisgott hat mich in den Kühlschrank von Bosch gesperrt. Der böse Eisgott ist aber befreundet mit der Schneehexe, und die Schneehexe war mir doch auch manchmal dankbar, wenn ich ihre Kristalle so richtig zum Funkeln brachte. Deshalb redete sie dem Eisgott besänftigend zu, und er erlaubte ihr, mich in einen Apfelkuchen zu verhexen mit der Hexenformel:

Sollst nur fluchen, sollst nur fluchen,
Apfelkuchen, Apfelkuchen!
Kannst's versuchen, kannst's versuchen,
Apfelkuchen, Apfelkuchen!
Wenn dich einer essen mag,
bist du wieder Sonnentag.

Und der Apfelkuchen sagte zum Gartenzwerg mit großen traurigen Sonnentagsaugen: »Bitte, sei so gut und iß mich auf! Es wird dir nichts geschehen, und ich kann dem milden warmen Luftzug so viel Sonne schicken, als er nur haben mag.«

Der Gartenzwerg war nicht zimperlich. Ein Apfelkuchen hat noch keinen von uns unter die Erde gebracht, dachte er bei sich. Und so aß der mutige Gartenzwerg den Apfelkuchen Stück für Stück. Immer wenn er doch mit Essen innehalten wollte und dem Aufgeben nahe war, flüsterte ihm der milde Luftzug ins Ohr: »Bitte, iß weiter! Es ist für eine gute Sache.«

Und tatsächlich - kaum war der letzte Brocken verschluckt (es hatte gar nicht einmal schlecht geschmeckt), da blickte ein strahlender Sonnentag dankbar auf den Gartenzwerg, und dem milden Luftzug wurde wohlig warm. Er schoß in seinem Übermut lauter Purzelbäume, immer um die Sonne herum.

Und so hätte alles ein gutes sonniges Ende gefunden, wenn nicht der Eisgott sich mit der Schneehexe gezankt hätte. Denn der Eisgott ärgerte sich, daß sie wieder einmal ihren schneekühlen Kopf durchgesetzt hatte und der Sonnentag ihm nun wieder zu schaffen machen würde. So verbot der Eisgott in seinem Zorn allen Gartenzwergen, je wieder einen Apfelkuchen zu essen, der ein verhexter Sonnentag war. Und um zu zeigen, wie ernst es ihm mit dem Verbot sei, ließ er den

mutigen Gartenzwerg zu einem Menschen werden und nannte ihn Kerstin, was Eisgöttersprache ist und so viel heißt wie ›wirst schon sehn‹. Die anderen Gartenzwerge aber erschraken so sehr, daß sich seither kein einziger von ihnen mehr gerührt haben soll.
Und ich bin voll von Trotz und werde, wo ich ohnehin schon Mensch bin und der Eisgott mir nichts mehr anhaben kann, nur noch Apfelkuchen essen. Von nun an wird mein ganzes Dasein ein Apfelkuchen schlingendes sein, und die Sonnentage werden kein Ende nehmen, bis aus dem Eisgott ein warmer glasklarer See geworden ist, der liebevoll die Sonne spiegelt.

Im Frühsommer '79 ist unsere kurze Dachgeschoß-Idylle zwei plus eins beendet. Mich erreicht nur noch sein Grollen, Grummeln und Knötern und ihr langsamer Rückzug Richtung Hamburg. Im Oktober ist die Sache ausgestanden, sie ist weg, er verbarrikadiert sich nebenan und gibt mir zu verstehen, es sei besser, wenn ich auch demnächst auszöge. Ich bin unentschlossen, ob ich mich mitschuldig fühlen soll an ihrer Trennung.

Nachdem ich Fritz noch ein zweites Mal in Nürnberg besucht habe, kündige ich die Wohnung und ziehe im November aus. Mein Bruder holt mich mit Muttis Käfer plus Gepäckträger ab und ist entsetzt, als er sieht, wie wenig ich vorbereitet habe. Es ist mein erster Umzug. Ich hatte noch nie eigene Sachen, und ich habe keine Ahnung, daß ein Umzug gewisser Vorbereitungen bedarf. Wir stopfen alles in Müllsäcke und füllen den halbierten Hausstand des Nachbarn wieder auf. Den Rest holt mein Vater, der unverhofft mit einem Anhänger vor der Tür steht. Er nimmt auch die Katze. Sie wird den Winter nicht überleben.

Bald ist Weihnachten
Ich darf mir etwas wünschen und wünsche es mir geschmückt mit Blumenköpfen in Lila und Rot. Lieblich läuft ein Leben aus. Ich wünsche mir den großen Wurf. Ungeworfenen Schatten, mich, will ich zurückwerfen ungesehen. Treffen will ich, ich zum ersten Mal, ins Herz von Nichtmehr. So darf ich's mir wünschen. Denn bald ist Weihnachten.

Nürnberg – die Maßnahme

Das Glück
tritt in die
Augen.

Es tritt ein.
Es tritt aus.

Das Glück
schlägt in die
Augen.

Es schlägt ein.
Es schlägt um.

Am ersten Adventswochenende fahre ich mit meiner Mutter frühmorgens von Mainz nach Nürnberg, den Hausrat im Kofferraum, Telefongroschen und Stadtplan in der Manteltasche. Wir haben einen halben Tag Zeit, um eine Bleibe für mich zu finden, telefonieren uns durch die preiswertesten Zimmerangebote und lassen uns am Nachmittag von einem verlassenen Familienoberhaupt in einer Einfamilienhaussiedlung das Kinderzimmer im ersten Stock zeigen. Die gelb-orange-grasgrün-braun-gestreifte Tapete, die den kleinen Schlauch schmückt, kenne ich aus unserem Mainzer Keller. Die beiden Kinderzimmer links und rechts von meinem sind bereits vermietet, im Schlafzimmer neben dem gemeinsamen Bad schläft der Vermieter, das Erdgeschoß bewohnt er alleine. Es quält ihn, daß wir sein Treppenhaus nutzen, Anspruch auf einen Hausschlüssel haben. Er verschließt Küche und Wohnzimmer nicht nur, wenn er - selten genug - das Haus verläßt, sondern schon für den Gang zur Toilette. Wie eine Spinne sitzt er gefangen in seinem Netz und wartet auf unsere Heimkehr.

Dezember
1979

Dezember 1979

Die junge Frau und der Mann neben mir sind regelmäßige Menschen, die morgens gehen, abends kommen und die Wochenenden woanders verbringen. Ich verwirre und verärgere ihn, wo ist mein Rhythmus? Wann kann er meinen Heizkörper drosseln, den Müll inspizieren und die Unbeschadetheit der Wachsdecke auf meinem Tischchen überprüfen? Er stellt den Ölbrenner auf Minimum und tagsüber den Strom ab. Abends, wenn er nach dem Fernsehen das Wohnzimmer hinter sich verschlossen hat und die Treppe zum Schlafzimmer nimmt, weist er uns mit schweren, gebieterischen Schritten darauf hin, daß Feierabend ist und wir uns hüten sollen, das Bad vor Morgengrauen zu betreten. Schimmert unter meiner Zimmertüre Licht hervor, bleibt er davor stehen und räuspert sich empört. Ich liege dick verpackt unter der Bettdecke, halte zwischen den Fingerspitzen, die bläulich aus den Wollhandschuhen lugen, ein Buch und den Atem an. Wird er es wagen, sich Zutritt zu verschaffen? Welches seiner Kinder hat hier gewohnt? Die Nachbarin links hat sich mit einem Steckschloß abgesichert, der Mieter hinter meiner Bettwand kann mich hören, solange er nicht schläft. Auch wenn wir noch kein Wort miteinander gewechselt haben, baue ich darauf, daß er im Ernstfall kommen würde.

Unter der Woche fühle ich mich leidlich sicher, fotografiere die wechselnden Eisblumen am Fenster und phantasiere mich in eine fremde Kindheit hinein. Freitag und Samstag sind gefährliche Abende, die ich so lange wie möglich draußen verbringe. Mit energischem Schritt, betontem Türenschließen und gnadenlosem Radiohören gebe ich meinem Vermieter zu verstehen, daß er es bloß nicht wagen soll, daß ich vor nichts zurückschrecke und Angst nicht kenne. Um Feindberührungen im Flur zu vermeiden, nehme ich wenig Flüssigkeit zu mir. Die Verfolgungen verlagere ich zur besseren Überschaubarkeit in mein Innenleben und entwickle so eine hübsche kleine Paranoia, die ich schreibend und zeichnend in den Griff zu bekommen versuche.

Schritte
die eigenen
folgen ausgerechnet mir
können nicht mithalten
leiser
endlich
abgeschüttelt

Gestern abend, als ich schlafen wollte, knurrte mein Magen plötzlich laut in die Ruhe hinein. Ich zuckte zusammen und vermutete, noch bevor Zeit für den ersten Gedanken war, ein gräßliches Wespen- oder schnatterndes Spinnenungeheuer, das zwischen Schrank und Teppich gerade zum Sprung ansetzte. Aber dann dachte ich doch so weit, daß es nur mein Magen gewesen sein könne. Ich war beruhigt. Plötzlich wieder solch ein Geräusch. Diesmal schaltete ich gleich Licht ein und durchstöberte das Zimmerchen nach dem Ungeheuer. Erst danach fand ich mich lächerlich, weil ich doch wußte, daß es mein Magen war, auch wenn der Laut von weither zu kommen schien. Bis ich endlich schlief, machte er noch ein paarmal Geräusche, und ich hielt jedesmal den Atem an, um zu hören, von wo er auf mich zu kam.

Auf dem Arbeitsamt schickt man mich zur Reha-Abteilung. Bin ich jetzt doch behindert? Ein Vorteil ist, daß ich nicht warten muß. Die Zuständige ist freundlich und verspricht, mir am nächsten Tag ein Heizöfchen und eine Wolldecke mitzubringen. Ich bin gerührt und bin dankbar, als sie eine Gesetzeslücke entdeckt und meint, wenn ich noch vor Jahresende eine Arbeit fände, könne ich im Anschluß an einer vom Arbeitsamt finanzierten Umschulung teilnehmen. Das Wörtchen elternunabhängig schwebt im Raum wie der Weihnachtsstern, und ich fülle den Reha-Antrag aus. Ich finde einen befristeten Job bei der Datev, einem Datenverarbeitungsbetrieb, der zum Jahreswechsel Hochkonjunktur hat.

Liebes Phantom, seit vier Tagen gehöre ich der arbeitenden Bevölkerung an. Ich arbeite für ein paar Wochen in einem Versand, werfe Schachteln aufs Band, gummiere Kontenberge, ordne nach Zahlen. Arbeite spät und muß den Vermieter nicht sehen. Überall in Nürnberg begegnet man Weihnachtsmännern. Zu Tausenden hängen die

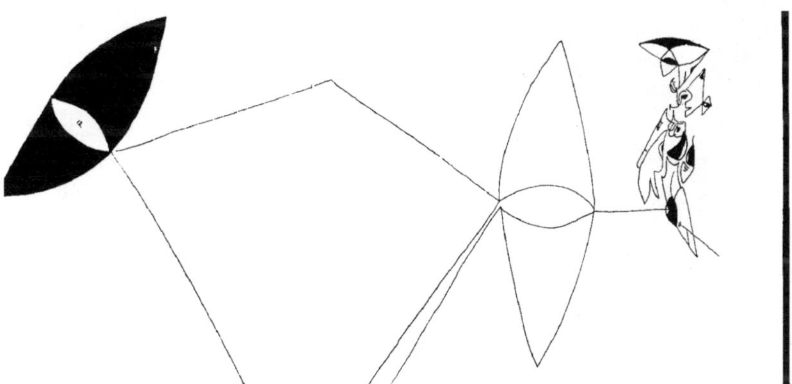

Der verlorene Augenblick, 12.12.79

Monde, Engel und Christkinder in den Zelten der Marktstände. Vor kurzem sah ich den Mond so kitschig und übertrieben im Himmel stehen, daß ich wirklich glaubte, er sei als Leuchtreklame für irgendein Mondunternehmen auf ein Hochhaus oder eine Säule montiert. In dem Hochhaus schliefen sie schon, weil unter dem Reklamemond alles dunkel war. Es war aber der echte. Er war ganz gelb. Zwei Wochen später war er rosa, pink. Der Mond legt mich nicht mehr rein. Winsen ist so weit weg wie Basel, Zukunft macht sich lächerlich. Aber ich lache gern. Als mein Vermieter sagte, die Heizung laufe doch, habe ich laut lachen müssen. Er lachte auch, aber anders. Erzählen will ich Dir und allen, daß ich arbeite, mich zweimal die Woche vor meinen Therapeuten setze, er nimmt aber nur zehn Mark die Stunde, da geht das schon, ein Führungszeugnis beantrage, die Lebensbescheinigung beglaubigen lasse, mit dem Arbeitsamt verkehre, regelmäßig die Straßenbahn benutze, um 13.24 Uhr und um 23.04 Uhr.

Ha, schlagt euch die Köpfe ein, nicht Du, wühlt euch durch Papierberge, ich leg meinen Kopf einfach ab, steh am Rand und bin nur Pappschachtel, werf mich in fünf verschiedenen Größen auf die Konten, seh mich vorbeifahren. (10.12.79)

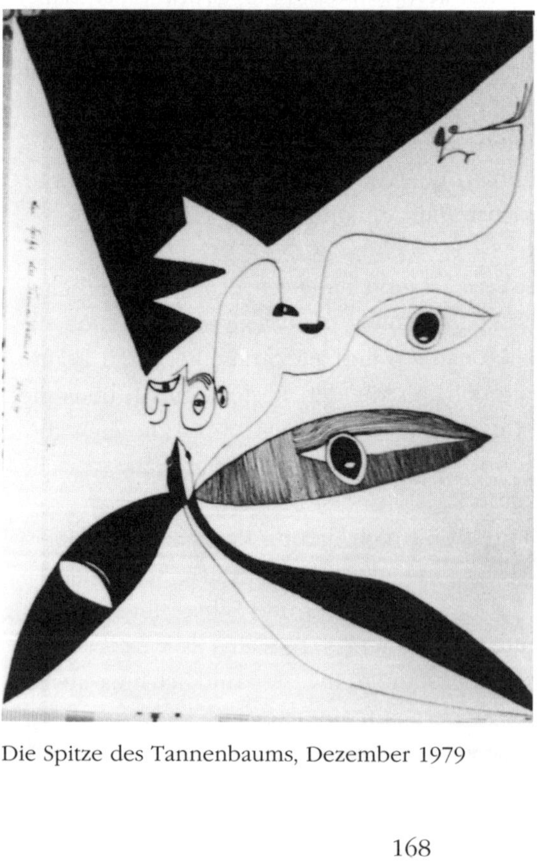
Die Spitze des Tannenbaums, Dezember 1979

Liebes Phantom, liege mit wohliger Schwere

einer Grippe, die schon wieder im Verschwinden ist, im Bett. Auf dem Boden gleich daneben ein Netz Mandarinen, Schalen, viel Staub, Orangensaft und Zwiebackbrocken. Trinke Nierentee, höre den Vermieter mit Schlüsseln rasseln, seine Küche absperren und das Wohnzimmer auf-, den Fernseher einschalten. Die Heizung ist eine Attrappe, der Vermieter ein Ekel, das Fieber wärmt, und die Ruhe tut gut. Habe ganze acht Tage dem Fließband standgehalten. Montag gehe ich wieder hin, bin bis zum 11.1. als Aushilfe eingestellt in der Spätschicht. Die Tätigkeiten, es sind nur drei Möglichkeiten, Konten abpacken fürs Band, Kartons aufs Band werfen und Lieferscheine sortieren, sind vollkommen idiotensicher.
Dadurch daß ich jetzt tatsächlich in Nürnberg bin und mit dem Therapeuten von Kreuzlingen spreche, ist der Kontakt von den Wolken auf den Boden gefallen, grauer und lebloser geworden. Der Trotz wächst, Möglichkeiten werden geringer, überschaubarer damit. Wirklichkeit reißt den Träumen ihre Flügel aus, flügellos können sie nicht mehr stürzen.
Weihnachten, diesmal mit Schwester und Mutter bei der Oma, ist in der Familie eine so wahnwitzige Zusammenkunft, daß wer es übersteht, noch das ganze nächste Jahr davon lebt. (15.12.79)

Liebes Phantom, bis vor zwei Tagen habe ich ernstlich gearbeitet. Nun, nach ganzen sechs Wochen, habe ich das Gefühl, als seien alle öffentlichen Gebäude, alle Beamten und alle Straßen von mir kräftig mitfinanziert und als habe ich mir für den Rest meines Lebens die Rente redlich verdient. Tatsächlich bin ich heilfroh, ist dieser Wahnsinn (zum Schluß wurde nur noch gummiert, das waren zwei rasche Handbewegungen acht Stunden lang) erst mal vorbei.
Habe das Zimmer gekündigt und nicht genug Energie, nach einem neuen zu schauen. Der Therapeut sitzt scheint's auf einem anderen Stern. Weihnachten mit Großmutter, Mutter und Schwester waren etwas müde Tage. Ich hatte die Kamera vergessen. Es wurde nichts aus der Bildergeschichte, die meine Schwester und ich uns ausgedacht hatten. Die Mutter steuert auf eine neue Bekanntschaft zu, glaube ich. Und die Oma wird leider wieder langweiliger und klein-

licher, je mehr sie sich erholt von dem Schlag, der sie so richtig spritzig und lebendig gemacht hatte.
Eben trampelt der Vermieter die Stiegen hoch und bleibt demonstrativ einige Sekunden stehen vor meiner Tür. Dieses Papier ist übrigens für mich ein Stück Geschichte. Es ist eines von Abertausenden, die beim Gummieren die Kontenberge der ebenfalls abertausend Mandanten voneinander trennen und dann von jeder echten, umweltbewußten, sparsamen Gummiererin aufgehoben und bei besonderen Anlässen verwendet werden.
Der Vermieter schnieft so laut, als stünde er immer noch vor der Tür. (13.1.80)

Es ist Morgen. Ich drehe dem Vermieter den Hals herum. Er weiß plötzlich nichts mehr von der vereinbarten Kündigungszeit. Bis 1.3. soll ich bleiben. Ich werde ihn foltern. Bei 14 Grad Raumtemperatur wächst der Haß. Was macht man gegen solch pomadig-schmierige Vermieter-Ekel? Dieser Brief hat - zugegeben - für mich zum Teil therapeutischen Effekt, d.h. er rettet womöglich ein Leben. (14.1.80)

Im Februar ziehe ich in ein Studentinnenwohnheim, Männerbesuch verboten. Unter Vortäuschung falscher Tatsachen wohne ich in Bahnhofsnähe in einem etwas größeren, quadratischen Zimmer mit wohltuend weißen Wänden und einem auffordernd großen Schreibtisch. Um mich nicht zu verraten, halte ich mich fern von den anderen, wirklichen Studentinnen. Ich bin nicht die, die ich dort sein soll, und ich will nicht die Behinderte sein, die ich laut Arbeitsamt sein muß, um das zu werden, was ich auch nicht will, Kaufmann. Werde ich verrückt?

Der entscheidende Punkt scheint überschritten. Ein Schritt aus dem Zimmer, und die ganze Welt ist verrückt. Ungute Entwicklung. Mein selbstgeschaffenes Gefängnis (der Blick ist übrigens ganz interessant, abends schaue ich in 41 Fenster auf der anderen Hofseite) und die viele Zeit als Arbeitslose fülle ich mit Lesen, Zeichnen, Tippen. (8.2.80)

Liebes Phantom, es ist soweit. Ich trage meine Verrücktheiten auf die Straße. Ich laufe heulend die Bahnhofstraße hinunter, schaue dem Erstickungstod ins Auge. Irgendein Mensch, halb Bankdirektor, halb Zuhälter, kommt grinsend auf mich zu und sagt: »Entschuldigen Sie, darf ich Sie etwas fragen?« Vor der Post komme ich nicht mehr weiter. Ich japse nach Luft und kippe um. Im Krankenwagen schreie ich wie am Spieß. Ich schrei stundenlang. In der Psychiatrie schrei ich immer weiter. Die Schwestern packen mich ins Totenhemd zwischen die Laken. Ein Arzt kommt. Ich sehe bloß seine Schuhe und Hosenbeine und schließe daraus, daß er jung ist. Er spritzt mir Ruhe ein. Ich bin in der Frauenabteilung. Manche Frauen schauen böse, weil mein Lärm sie gestört hat. Eine kommt an mein Bett und sagt, ich sei so süß wie die Schwester Jutta. Beide Beine stecken in dicken Verbänden. Sie erzählt von ihren Töchtern in meinem Alter und daß sie immer das Gute wollte und daß gleich, um Mitternacht, wieder etwas Gutes geschehen sein würde. Sie will wissen, ob ich ein Jud bin. Mein Bett ist im Flur. Die Frauen klingen alle ein wenig weinerlich und haben den Robotergang. Eine Alte läßt immer die Klotüre offen.

Januar 1980

Nach Mitternacht kommt der Arzt. Ich erzähl ihm ein bißchen von mir. Da merkt er, daß Hopfen und Malz verloren ist. Ich bringe ihn zum Lachen. Er ist, glaube ich, dankbar und läßt mich gehen. Ich fahre auf Kassenkosten im Taxi hierher zurück. Der Taxifahrer will gefährliche Geschichten hören. Er stellt sich die Klapse schöner vor als sie ist.

Das alles war letzte Nacht. Jetzt scheint die Sonne. Ich danke dem Zufall, daß der Arzt so unkompliziert war. (15.2.80)

Liebes Phantom, heute morgen habe ich etwas Folgenschweres getan. Ich habe mich für den Küchendienst eingetragen. Das hat zur Folge, daß ich eine ganze Woche lang ständig den Abfalleimer in der Küche im Auge haben muß und immer ausleeren, sobald er noch nicht ganz voll ist. Nun ist erst der halbe Tag vorbei, und meine Gedanken kreisen in immer geringeren Abständen um diesen graugrünen Plastikabfalleimer nebenan. Ab und zu höre ich jemanden in der Küche hantieren und fürchte gleich, jetzt sei es soweit, jetzt sei der Eimer voll. Natürlich schaue ich nicht nach, denn es könnte mich jemand erwischen. Spätestens beim zweiten Mal würde die Frau im Zimmer gegenüber, von wo sie jedes Geräusch orten kann, sich wundern. Deshalb warte ich noch mit Nachgucken. Die Wahrscheinlichkeit, daß der Eimer bald tatsächlich voll ist, nimmt ständig zu. Allerdings taucht dann, wenn er endlich fast-voll ist und ich ihn ausgeleert habe, die noch schwierigere Frage auf, wo ich nach diesen Plastikbeuteln, die eigens für Mülleimer gedacht sind, suchen soll. Die Frage, ob ich, wenn's soweit ist, die Schranktüren der anderen Fluranwohnerinnen in der Küche öffnen soll, um zu schauen, ob irgendwo ein Gemeinschaftsfach mit diesen Mülltüten drin ist.
Ich entwickle ein ungeheures Netz von Beziehungsideen, das mich über alle nichtvorhandenen Kontakte hinwegtröstet und den Gang in die Stadt zur Abenteuerreise steigert. Die kleinen Dinge gewinnen an Bedeutung, nichts ist von ungefähr, Abfalleimer, Briefkasten und Türschlösser sind die Zentren meines Denkens.
Die Sonne strahlt auch hier sehr heftig. Die Menschen führen etwas im Schilde. Meinen Therapeuten schmerzt es von Kopf bis Fuß, wenn er mich sieht. Deshalb kann er mich nicht sehr oft sehen. Die Grippe hab ich noch, nachts wird sie zur Lungenentzündung. Vielleicht gehe ich wieder nach Norddeutschland. Ich tue gar nichts (außer der Sache mit dem Abfalleimer, die ich auf mich zukommen sehe), stell Dir vor, gar nichts! Es ist zum Lügen.
Ich könnte Dir noch erzählen, mit was für Mordgedanken sich die Leute in der Stadt herumtreiben. Aber ich weiß ja, daß es nicht so ist.

Obwohl es doch so ist! Du siehst, eine neue Verrücktheit bahnt sich an. Ich schaue ihr etwas ratlos zu und denke, wohin wird sie treiben. Wenn ich nicht ich wäre, fände ich das alles sehr interessant und würde das Thema ausarbeiten. Aber solange ich noch ich bin, droht mir Gefahr, und alles ist schrecklich ernst. Dies dumme Wort Ich ist das ganze Problem. Aber es gehört zu mir, wir gehören zusammen, mehr oder weniger. (25.2.80)

Liebes Phantom, ich weiß nicht, ob ich noch heiser bin. Den ganzen Tag warte ich, daß jemand mich etwas fragt, damit ich höre, ob ich noch heiser bin.
Der Abfalleimer quillt über. Müll schneidet den Tag ab. Das tut er lautlos und stinkt kaum. Der nächste Knochen fällt neben den Kübel. Doch Montag kommt die Reinemachefrau, und mein Küchendienst ist abgelaufen.
Die Frau im Fernseher trug Plutonium bei sich. Einen Teil ließ sie in die halbvolle Badewanne rieseln. Den Rest gab sie mir bei Ablauf der Sendezeit. Aber der Abfallkübel ist voll.
Es klingt nach Paranoia. Es ist nur die Leere oder das Übermaß Müll. Ich will eine Nachricht geben. Die Adresse ist wichtig. Der Schreck weiß wohin. Er will indirekt klopfen, daß man ihn nicht hören muß. Er will mit Blumen klopfen, das schlägt ihnen die Köpfe ab. Du nimmst kein Geld fürs Lesen, das ist schön. (28.2.80)

Zweimal die Woche setze ich mich für eine Stunde vor meinen Therapeuten und lege ihm im Anschluß einen Zehnmarkschein auf die Hand. Bin ich seine Freierin? Welche Dienstleistung erbringt er? Welchen Nutzen ziehe ich? Ich passe in sein neues Leben als Klinikleiter wie eine lästige Jugendsünde, er in meines wie eine Yacht in die Wüste. Auf diesem Boden werden wir nicht in tiefere Gewässer segeln. Fritz scheint mir oft müde, manchmal gelangweilt, wenn ich ihn nach Feierabend heimsuche und seine Frau nebenan schon den Tisch fürs Abendbrot deckt. Bin ich ihm nicht verrückt genug? Oder hat er Angst, daß ich laut und ungebührlich werden könnte und etwas durch die braun gepolsterte Türe in sein Privatleben schwappt?

Worum geht es in der Therapie, frage ich mich heute. Es geht kaum um früher, die Familie, die Anstaltsjahre, auch nicht um Zukunft, nicht konkret. Um meine momentane Situation in Nürnberg geht es nur am Rande. Es geht um das Hier in diesem Zimmer und das Jetzt zu dieser Stunde. Wie in einem virtuellen Raum laufen diese Stunden ab, im künstlichen Setting der therapeutischen Beziehung, themenleer, auf nichts bezogen, nur immer wieder in sich selbst zurückfallend, in diese bezahlte Zwischenmenschlichkeit.

Steht stumm da, pünktlich stumm da.
Fällt dann, ein Auge am Reißverschluß entgrätet den Rücken,
dem letzten Zahn nach in die Knie.

Klopft mit der Linken flach auf den Boden,
klopft immer wieder flach mit der Linken,
endlos Teppichboden, immer wieder flach.

Dann das Ende der Stunde
und vergeblich die Stimme,
die eine flache Hand vom Boden trennen will.

Ich habe tagelang Zeit, um die eine Stunde genau zu planen, ein komprimiertes Szenario. Pünktlich beginnt die Vorstellung, und pünktlich endet sie. Aber warum vor so spärlichem Publikum und ohne Applaus? Warum muß ich meinen unbewegten Zuschauer nicht nur aufsuchen, sondern auch noch bezahlen? Ich probiere alle Varianten durch, als Pantomime, die ihn zum Sprechen bringen soll, als Duell, damit er tätig wird, als Trauerspiel, um etwas zu hinterlassen im Raum, eine dunkle Wolke, ein bißchen Finsternis.

Liebes Phantom, gestern habe ich den Therapeuten geschlagen. Heute ist er krank. Er hat eine (leichte) Platzwunde, ich eine (leichte) Schürfwunde am linken Auge. Er hatte mich lange zum Schlagen ermuntert. Ich wußte, wenn ich's tue, dann nicht zur Gaudi. Der lebendige Kontakt gewinnt an Ernsthaftigkeit. Mein Therapeut ist übri-

gens ein lieber, empfindsamer Mensch. Ich wünsche mir nur, daß er einmal richtig Todesangst verspürt. Ich weiß nicht, ob er eine Ahnung hat.
Wenn alles gut geht, besuche ich morgen einen alten Bellevue-Kollegen in München. Er lernt Steinmetz.
Bin weich und knotig wie ein mißlungener Pudding. (7.3.80)

Einmal schickt Fritz mich zu seinem Supervisor. Der soll mich kennenlernen. Über das Ergebnis sprechen wir nicht.

Liebes Phantom, jetzt bin ich wieder in der Anstalt gelandet. Das heißt, im Moment schon zurück. Am Wochenende habe ich den Bildhauer besucht. Wir sind über Friedhöfe und in die Kirchen von München gegangen, München hat eine Menge Kirchen. Ich habe Figuren angeschaut und etliche Grabsteine. Es war schön, und doch sind hernach all die alten vertrauten Toten wie Mahnmale dagestanden und haben keinen Fluchtweg gelassen.
Heute kam eine Vorladung zum Amtsarzt, und ich wußte nicht warum. Außerdem kam ein Brief vom NDR, daß ein Bericht, den ich vor langer Zeit dorthin geschickt hatte, aus verschiedenen Gründen, die nicht genannt waren, nach gründlicher Prüfung doch nicht gesendet werden soll. Es ist seltsam. Ich hatte gehofft, so etwas ließe mich kalt, aber das tut es nicht.
Zum Arbeitsamt mußte ich heute noch. Dort unterbreitete man mir definitiv, daß ich in wenigen Wochen eine Industriekaufmannslehre zu beginnen habe. Ich hab keine Luft mehr gekriegt und bin in Panik geraten. Wie ein zerplatzter Luftballon bin ich zusammengefallen und wieder einmal in der Psychiatrie gelandet. Die Ärztin dort wollte mich dabehalten. Schließlich ließ sie mich gehen mit einem Bericht an meinen Therapeuten, in dem steht (ich durfte ihn nämlich lesen): »... schwere neurotische Fehlentwicklung, fragl. Borderline-Syndrom. (...) Scheitert offenbar jetzt zunehmend an der Realität, daß ihr bei bestmöglicher Verfassung zunehmend häufig Absagen entgegentreten. Diskrepanz zwischen Vorstellung und Wünschen wird immer größer. Ratlosigkeit zu konkreten Unternehmungen steigt. Stationäre

Behandlung wird abgelehnt, erscheint aber fast notwendig, anschl. möglicherweise handwerkliche Lehre.« (13.3.80)

Fritz wird es zu heikel mit mir. Er verlangt, daß ich begleitend zum Psychiater gehe, etwas schlucke. Ich suche mir im Branchenbuch eine Psychiaterin, die mir nach kurzem Gespräch Melleril retard 200 verschreibt, ein Rezept, mit dem ich dreimal Nachschub holen kann. Ich besorge mir in verschiedenen Apotheken die vier Packungen und schlucke probehalber eine halbe Tablette. Tagelang gehe ich wie in einem undurchdringlichen Nebel durch die Stadt, verfluche das Neuroleptikum, die Psychiaterin und den Therapeuten. 56000 mg Melleril habe ich geschluckt in Mainz und in der Schweiz. Und erst jetzt, an der Wirkung von 100 mg, merke ich, was für ein Teufelszeug es ist. Ich rühre es nicht mehr an.

Als Fritz von einem engagierten Psychologen am Josefsplatz hört, empfiehlt er mir, ihn aufzusuchen.

Liebes Phantom, die letzten Tage erlebte ich ganz seltsame Dinge. Ich gehe zu der Adresse, wo eine therapeutische Wohngemeinschaft sein soll. Mein Therapeut hat sie mir empfohlen, zu seiner Entlastung. Da überfällt mich ein Psychologe, setzt mich mit einer dicken Frau zusammen. Wir trinken Bier, und sie erzählt vom Leben in Spanien und von der Maske, mit der sie im Januar durch Nürnberg getanzt sei, barfuß und luftig bekleidet. Ich erkenne sie wieder. Sie hatte vor drei Wochen immer den Arzt sprechen wollen, als ich in die Klinik gebracht wurde, und war auch barfuß gewesen.
Dann kommt der Psychologe rein, schickt sie raus und will von mir Informationen über sie. Ich denke nicht daran. Er schreit rum, das sei eine Psychotikerin, er habe seine Methode. Er springt auf, reißt die Tür auf, will mich rausschmeißen. Ich bin erstaunt und sage, daß ich das alles nicht verstehe. Er erklärt mir, daß er seit elf Stunden beschäftigt ist und keine Zigaretten mehr hat und auch mal ausflippen muß. Das verstehe ich. Er will plötzlich mit mir flippern gehen. Ich will eigentlich nicht. Aber er sagt: »Geh in die Klinik und sei tot, oder geh mit mir flippern.« Also gehen wir flippern. Um Mitternacht

schließt der Laden. Wir gehen zurück. Ich werde müde, jetzt sehe ich noch ein paar andere Leute. Der Psychologe sagt, wir sollen etwas trinken gehen. Danach will er mit mir reden. Eigentlich will keiner noch weg, aber Widerspruch gibt's nicht. Um halb zwei hab ich mich abgesetzt und falle ins Bett.
Am nächsten Tag fahre ich nach Mainz. Die kleine Schwester soll zurechtgebogen werden. Mein Bruder und ich spielen Polizei, stellen uns unerbittlich vor sie hin, sagen: »Bring dich um, aber ganz! Halb umgebracht, heißt Alzey (Landeskrankenhaus). Hau ab, aber ins Ausland und ohne Wiederkehr. Oder geh zurück ins Internat.« Solche Sachen sagen wir und schauen ernst dabei. Wir erteilen der Mutter Sprechverbot, weil sie in einer Stunde zehnmal die Meinung wechselt. Wir sagen: »Das Sorgerecht liegt beim Jugendamt. Geh dorthin!« Ich stehe sprachlos daneben und stelle mir vor, ich sei meine Schwester. Nach zwei Tagen ist ihr Wille gebrochen, sie fährt zurück ins Internat. Die Mutter wird instruiert. Wir verlassen das Feld, der Bruder in den Norden, ich in den Süden.
Im Kasten ist ein Brief aus Winsen. Da steht drin, daß die Frau, die vor kurzem starb, bei Tisch gestorben ist. Sie hat von einem Moment auf den anderen aufgehört zu leben. (5.3.80)

Liebes Phantom, dies Wochenende war wieder den Kirchen und Friedhöfen gewidmet, diesmal in Nürnberg. Mein Besuch, fixiert auf Kreuzgänge und Madonnen und alle großen Steinköpfe der Vergangenheit, ein junger Mensch mit Greisenaugen und enormer Kontaktfreudigkeit, gestattete mir den Marktplatz und eine Handvoll Straßenmusikanten, während ich ihm zwei Kirchen und den Johannesfriedhof zugestand.
Heute mußte ich zum Amtsarzt. Er hat mich auf Blindheit, Blödheit, Taubheit und Lahmheit geprüft. Sein Ergebnis war, daß so, wie es Chirurgen und Psychiater, Geist und Handwerk unter den Medizinern gebe, auch unter den Kaufmännern solche und solche seien. Ich gab mich geschlagen, hatte auch keine Wahl. Von nun an soll der Kaufmann in der Tasche besser sein als der Kopf auf dem Hals.

Ich soll in ein Wohnheim. Ich soll Kaufmann werde. Bald ist Ostern, dann wieder Weihnachten. Was tust Du? Die Welt dreht sich, warum tut sie das? Sie kann den Hals nicht voll kriegen. (17.3.80)

Ende März fahre ich noch einmal nach Kreuzlingen und besuche das inzwischen geräumte Bellevue. Ich mache Fotos von den leerstehenden Villen, dem verwunschenen Park und fotografiere die Töpferwerkstatt von Gaby für einen Werbeprospekt. Mit Luigi ziehe ich in der Abendsonne durch die Hauptstraße von Kreuzlingen und sehe ihm zu, wie er mit seinem Fotoapparat in den Schaufenstern das Straßenleben einzufangen sucht. Uns verbindet eine lange gemeinsame Zeit in der Wachabteilung und auf dem ersten Stock des Bellevue. Jetzt wohnt er in einer Pension in der Nähe und geht ambulant zur Therapie bei Claudio, dem Psychologen, der für die Italiener zuständig war und den ich mir nie als ernsthaften Menschen vorstellen konnte. Luigis Eltern und Brüder waren häufig aus Triest zu Besuch im Bellevue, seine Mutter hatte mir ein Gedicht geschrieben, das Luigi ins Deutsche übersetzte:

Einsamer Strand,
wo das Meer mit Wut den Sand schlägt
und wo du ein Sandkorn
in einer schrecklichen Einsamkeit bist.

Verzweifelte Ferne,
wo die Liebe nicht kommen kann
und wo du eine Marmorstatue bist,
die ein verwundetes leidendes Herz hat. (Dezember 1977)

Luigi zeigt mir sein Zimmer und den Balkon, er erzählt von seiner Familie, wie oft sie ihn besucht. Wir haben nie wirklich miteinander geredet, auch jetzt gehen wir nebeneinander her und haben mehr eine Ahnung voneinander als Worte. Es ist der alte Bellevue-Dunst. Zwei Monate später ist Luigi tot. Er hat sich von seinem Balkon gestürzt.

Alles hat mit Abschied zu tun. Aber der Ton ist zu satt, läßt nicht glauben, was ich weiß. Oder läßt glauben, das was ich weiß, sei satt

gewußt. Das was euch glauben machen soll, es sei gewußt, ist unersättlich, und keiner weiß es.
Liebes Phantom, am Wochenende bin ich in Kreuzlingen gewesen. Hab mir das ausgeräumte Bellevue angeschaut, wo alle raus mußten und Platz machen den Baggerschaufeln.
Der rechte Zeigefinger hat sich seit gestern vom Brotmesser eine dicke Kerbe eingehandelt. Das Brot war steinhart geworden, Messer rutschte ab genau in den Finger, der jetzt beim Schreiben ausschaut, als platze er gleich auf und breche ab.
Der Schweizer Himmel ist enorm blau. Das fiel mir auf. Bis auf die Menschenleere im Bellevue war es, als sei die Zeit in Kreuzlingen stehengeblieben. An jeder Ecke klebten noch frische Erinnerungen.
Am 16. beginne ich, Industriekaufmann zu lernen. Das ist wie ein Erdbeben unter dem eigenen Haus, von dem man schon zwei Wochen vorher genau weiß. Aber man hat den Schlüssel verlegt, Fenster sind zu hoch, man kommt nicht mehr raus. Mein Zimmer ist eine kleine Scheinwelt, vollgepackt mit Bildern, Büchern, Glas und Stein, Ostereiern, Masken, Steckdosen, Brotmessern, Holzschuhen, Tauchsieder, Mülleimer, Schreibmaschine, Zeitungen, überall Papier, Schirm, Tassen, Taschentücher... schrecklich voll für die vielleicht acht Quadratmeter. Aber das ist das Stückchen Welt, das ich noch in den Griff kriege. Bei geöffnetem Fenster nur unter Vorbehalt, bei geschlossener Türe mit Angst um die Zukunft. Heute schreibe ich Dir ziemlich langweilig. Aber ich muß mich in Zukunft üben. Zukunft beginnt Mitte April. Bald haben wir Zukunft.
(In Spiegelschrift:) Weißt Du, daß Linkshänder von Natur aus Spiegelschrift schreiben? Alle Linkshänder! (1.4.80)

Ich sitze viel an meinem Schreibtisch, male Masken auf mein Gesicht und spreche mir im Spiegel zu. Mitte April, der Abend vor dem ersten Ausbildungstag. Ich erinnere mich nur noch an eine große Gelassenheit und daran, daß ich mir weder den Wecker stelle noch im Stadtplan nachschaue, wohin es gehen soll am nächsten Morgen. Irgendwo weit unterhalb des ersten Gedankens scheint es einen Entschluß zu geben, daß dies alles nicht nötig sei.

Ich erscheine nicht zur Therapie am nächsten Tag, melde mich auch nicht ab. Fritz macht sich Gedanken. Er macht sich immer schwerere Gedanken und ringt sich am dritten oder vierten Tag dazu durch, nach mir zu schauen. Auf langes lautes Klopfen folgt ein Poltern aus meinem Zimmer, eine ausgedörrte, verwüstete Gestalt fällt ihm vor die Füße. Fritz flößt mir Wasser ein und alarmiert meine Mutter, die mich nach Mainz holt. Ich habe die vier Packungen Melleril geschluckt, die die Psychiaterin mir verschrieben hatte. Jetzt bin ich voller Prellungen, übersät mit blauen Flecken und kann mich kaum bewegen. Die Beine gehorchen mir ebensowenig wie die Hände, gebrochen ist aber nichts. In Mainz greife ich, wie schon vier Jahre zuvor nach der Flucht aus der Uni-Anstalt, am nächsten Tag zum Telefon und erbitte mir die Rückkehr. Ich erkläre der Frau vom Arbeitsamt, daß ich mich zwar am Vorabend der Ausbildung umzubringen versuchte, daß ich aber am Leben und davon überzeugt sei, die Ausbildung doch machen zu wollen. Sie will sich mit dem Berufsförderungswerk besprechen und dann zurückrufen. Unter der Bedingung, in eine therapeutische Wohngemeinschaft zu ziehen, darf ich wiederkommen. Sie hat auch schon bei der Stadtmission im Burggraben einen Platz für mich organisiert.

Ich fahre umgehend mit dem Zug zurück, stelle mich in der Stadtmission vor, bekomme ein kleines Zimmer in der nebenan gelegenen neu eingerichteten Wohngemeinschaft und fahre von dort mit der Straßenbahn zum Zubringerplatz des Berufsförderungswerks.

Herr Hörnlein, der leitende Sozialarbeiter, wurde schon von Herrn Wörrlein aus dem Arbeitsamt über die Gründe meines verspäteten Antritts informiert. Er ist freundlich und angenehm klar und legt mir die Spielregeln vor, nach denen es laufen muß. Wenn ich irgendwas nicht mehr aushalte, soll ich bei ihm reinschauen. Wenn ich nicht oder zu spät komme, ebenfalls. Er regelt das dann.

Ich humpele über lange Gänge zum Lehrerzimmer, lasse mir das Material ausgeben und stelle fest, daß meine Hände es nicht halten können. Sie sind kraftlos und greifen nicht. Eine junge Deutschlehrerin, die auf dem Weg zu unserem Kurs ist, trägt meine Bücher und nimmt mich mit.

Scheinbar körperbehindert nehme ich Platz im Klassenraum, beguckt von circa zwanzig Augenpaaren aller Altersstufen.

Sie wurden ausgemustert in ihrem herkömmlichen Beruf, untauglich wegen körperlicher Gebrechen. Am meisten zählt, was am besten zu erkennen ist. Klassenstar ist der Einbeinige ohne Prothese, dann kommt der Einarmige mit dem Glasauge und der gelbfarbige Dialysepatient. Bei den anderen sieht man's nicht. Die Staublunge des Bäckers, der Herzinfarkt des Vertreters, die Allergien der Friseusen tauchen ebenso wie die Folgen der Krebsoperation oder des Schlaganfalls erst nach und nach in den Pausengesprächen auf.

Und ich, was habe ich? Genese ich von einer Schizophrenie, einer Depression, einer Lebensmüdigkeit, einem Jugendirresein? Selbst unter all diesen Ausgesonderten, die aus dem gesamten süddeutschen Raum ins Berufsförderungswerk geholt wurden, zum Großteil auch dort wohnen, gehöre ich wieder nicht dazu. Ich bin eine Psychische und fühle mich, wie ich mir die sogenannten Triebtäter unter den Kriminellen im Knast denke. Während die anderen Opfer ihres Berufes und Helden ihres Schicksals sind, ob sie nun in der schlecht abgesicherten Baugrube ihr Bein verloren oder in Staub, Chemikalien und harten Arbeitsbedingungen ihre Gesundheit eingebüßt haben, bin ich eine, die überspannt ist, sich nicht im Griff hat, noch nie richtig arbeiten mußte und keinen Sinn für deftige Sprüche hat.

In den ersten Wochen wirkt das Melleril noch mächtig nach, im Unterricht laufen mir unvermittelt Tränen aus den Augen, schreiben kann ich zunächst gar nicht, dann nur krakelig und langsam. Ich sitze in einer Schulklasse mit Stundenplan, Hausaufgabenkontrollen und Fächern, die an keiner Stelle in mein Leben passen. Die Lehrer sind häufig Verstoßene der Praxis, die im Berufsförderungswerk Unterschlupf fanden und uns mal zynisch, oft lustlos auf dem geringsten gemeinsamen Nenner unserer Vorkenntnisse Schulwissen einzutrichtern versuchen in Material-, Produktions-, Absatz- und Personalwirtschaft, Rechnungswesen, Datenverarbeitung, Maschinenschreiben, Schriftverkehr und doppelter Buchführung. In der Klasse knüpfe ich Kontakte oder lasse sie mir anknüpfen; Kontakte, die oberflächlich genug bleiben, um nichts von mir preisgeben zu müssen, aber auch so stabil sind, sich gegen manche Zu-

Absatz hat Hand und Fuß, 1980

mutungen des Unterrichts gemeinsam zur Wehr zu setzen. Es ist anders als damals, 1975 in der Klosterschule, wo ich vor mich hin kritzelte, Angst hatte und schwieg und gleichzeitig so viel erwartete. Mit Ausnahme des strahlenden und in sich ruhenden Buchhalters sind die Lehrer traurige blasse Gestalten mit trübem Blick und hängenden Schultern, die nicht so recht zu wissen scheinen, weshalb sie vor uns stehen und nicht umgekehrt. Die Fächer sind ohne jede persönliche Beteiligung und im Halbschlaf zu bewältigen. Die Mitschüler sind nicht so glatt, wie ich es mir sonst im Geschäftsleben vorstelle. Sie haben schon einiges hinter sich, ein Punkt, an dem wir uns vorsichtig treffen. Gegen die tägliche stundenlange Langeweile im Unterricht gehe ich an mit immer größer und bunter werdenden Zeichnungen, mit Texten und Bilanzen in Spiegelschrift und mit häufigen Fehlzeiten. Man läßt mich. Herr Hörnlein deckt mich.

Den praktischen Teil der Ausbildung absolvieren wir in der Üfa, einer im luftleeren Raum agierenden Übungsfirma. Wir verkaufen nichtexistie-

Früchte des Unterrichts, 1980

rende Waren an erfundene Kunden, senden fiktiven Lieferanten Briefe, die wir aus Kostengründen gar nicht erst eintüten, schreiben Mahnungen, die niemandem wehtun, lassen lautlos Wechsel platzen und betreiben intensiv Öffentlichkeitsarbeit per Haustelefon. Mir gefällt das Irreale und absolut Sinnlose dieser Tätigkeiten. Voller Eifer kontrolliere ich Rechnungen für nichts an niemand und entwerfe in raffinierten Graphiken die Zukunft von nichts.

Liebes Phantom, ich werde Industriekaufmann werden. Aber im Keller wächst ein mächtiger Gummibaum. Nach der Schule bin ich bei ihm und gieße ihn mit frageloser Müdigkeit. Er verträgt alles und wächst rasant. Bald erreicht er die erste Decke, macht sich im Erdgeschoß lang, klopft an bei Pfarrers, die über uns wohnen. Dann greift er vom Dach aus auf die Nachbarhäuser über. Zum Schluß wird ein einziges Gummiblatt in fünf verschiedenen Kirchtürmen gleichzeitig hängenbleiben. Dann japsen die Nürnberger nach Luft. Ich wünsch mir einen Gummibaum. (4.8.80)

Nachmittags fahre ich zurück in eine andere Welt. Von der Straßenbahnhaltestelle laufe ich zur Burg hinauf, biege in den Graben ein, öffne das Gartentor des Zweifamilienhauses, oben die Pfarrersfamilie, im Erdgeschoß wir, die therapeutische Wohngemeinschaft, blicke vom Vorgarten aus schon gespannt in das große Wohnzimmerfenster, spitze die Ohren, schließe auf und rechne mit allem. Wir sind zu fünft, das größte Zimmer bewohnt Angi, eine Künstlerin im blauen Salon, die gerne aus der Haut fährt und das Opfer grausamer Verschwörungen ist. Das Balkonzimmer hat der junge, beinahe stumme Gärtner sich grün gestrichen. Er ist mit Ulrike aus dem gegenüberliegenden Zimmer befreundet, Angis Gegenspielerin mit engem Kontakt zu Gott. Dazwischen wohnt ganz für sich allein Brigitte, die dicke Frau mit dem anderen Geschmack und den unangenehmen Besuchern aus der Bahnhofsgegend. Ich habe das kleinste Zimmer und nutze dafür intensiv das riesige Wohnzimmer.

Es gibt wundervoll friedliche Momente, wo wir zusammensitzen, im schneebedeckten Garten den Vögeln zuschauen und bei klassischer Musik Geschirr bemalen, Gäste bewirten, uns vorlesen. Meist ist aber der Teufel los. Eine spinnt immer, und das reicht, um alle scheinbaren Selbstverständlichkeiten des Alltags mit einem großen Fragezeichen zu versehen. Um Mitternacht wird bei peitschender Musik der Flur bunt gestrichen. Im Bad hat jemand seinen Haufen neben die Toilette gesetzt, woanders hängt ein Lorbeerkranz. Es stehen Parolen an den Wänden, am nächsten Tag schon wieder neue. Der Kühlschrank ist blitzblank und leer, die Mülltonne bis oben voll, aufgeschlitzte Joghurts schwimmen neben Käsebrocken im Milch- und Sahnesee. Küchenmesser dienen der Verteidigung. Anrufer werden nicht weitergereicht, sondern in die Flucht geschlagen. Ein Kinogang endet vorzeitig als Verfolgungsjagd durch Nürnbergs Altstadt.

Einmal wirft sich Brigitte, nachdem sie sich tagelang im Zimmer verbunkert hat, wutschnaubend im Flur auf den Boden und schmettert mit ihrer ganzen Zweizentnerverzweiflungswucht den Kopf von Wand zu Wand. Sie brüllt und tobt ohne Ende, kein Wort ist zu verstehen. Pfarrers kommen herunter und stehen angstvoll am anderen Flurende. Auch der Sohn, angehender Psychiater, wagt sich nicht vor in die Reichweite der Tobenden. Sie rufen die Ambulanz. Wir gehen langsam und beschwichtigend vor uns hinsprechend auf unsere Mitbewohnerin zu wie auf ein gefährliches Tier. Sie landet in Erlangen auf der Geschlossenen. Als ich sie in diesem panzerverglasten Hochsicherheitstrakt besuche, führt eine ältere, resolute Schwester eine alte, dicke Frau am Arm ins Besucherzimmer. Gebückt trippelt Brigitte in einem unförmigen grauschwarzen Kittel und mit kurzgeschorenem Haar auf mich zu und läßt die Schwester für sich antworten. Es ist ein kurzer Besuch und mein letzter.

> Feuer auf der Geschlossenen
> Ich stecke ein Elektrogerät, Fön oder Bügeleisen, in die Steckdose in einem völlig leeren Zimmer. Es entsteht ein Brand. Ich stehe hilflos daneben. Dann laufe ich los. Ich bin in einer Klinik. Der Arzt, es ist unser ängstlicher Marktwirtschaftslehrer, schaut zu seiner Tür raus, hört mich an, geht dann wieder zurück, als sei nichts gewesen. Ich wetze durchs ganze Haus, spreche die Leute an. Keiner reagiert, während der Brand schon fast überall ist und man im Rauch kaum noch Luft bekommt und das Feuer auf sich zu züngeln sieht. Aber es ist eine Anstalt, also geschlossen. (Traum vom 30.11.80)

Das Therapeutische an unserer Wohngemeinschaft ist Ursel, die kleine, zarte Sozialarbeiterin mit dem freundlichen Blick. Sie setzt sich einmal die Woche mit uns ins Wohnzimmer, wir plaudern.

Ich führe verschiedene Leben. Ein Industriekaufmannsleben, in dem ich pünktlich auf Befehl mit Stoppuhr tippe: »Liesel lies leise dieses Lied, Liesel löse leise diese Kaffeelöffel«. Ein WG-Leben, Chaos pur, wo ich noch die stabilste bin und ganze Nächte als Puffer zwischen Streithennen verbringe, um am nächsten Morgen wieder pünktlich »diese fidele Liesel« und »diese Seide alle Keile diese Löffel diese Seele« in die Tasten zu schlagen. Ein Wochenendleben mit meinem Münchener Freund mal dort, mal in Nürnberg, Friedhöfe, Ausstellungen und zwischendurch alle Apotheken, wo er sein Glück sucht, flüssig oder in Tablettenform.

Ein Therapieleben, fragwürdig und dünn geworden durch die zurückliegenden Ereignisse. Wenn Fritz mich aufgegeben hat, was will ich dann bei ihm? Wenn mein Kaufmannsleben ihn anödet, er keinen Fuß in unsere WG setzt und ich ihm von mir privat nichts erzähle, was will ich dort? Ich ahne, daß ich nur jenseits von Berufsförderungswerk, Wohngemeinschaft und Therapie eine eigene Zukunft habe. Ist es Fritz, der mir diese Ahnung vermittelt, indem er schweigt und sich entfernt?

Zwischen diesen Leben soll keine Verbindung sein. Es funktioniert nur, solange ich sauber trenne. Ich teile mich auf, duze mich zuweilen, gucke mir mit Ulrikes verzücktem Blick über die Schulter ins Lehrbuch der Absatzwirtschaft, packe die angehende Kauffrau, durchgestylt mit Schminke, Duft und langen Nägeln, am Arm und schenke diesen Moment Brigitte.

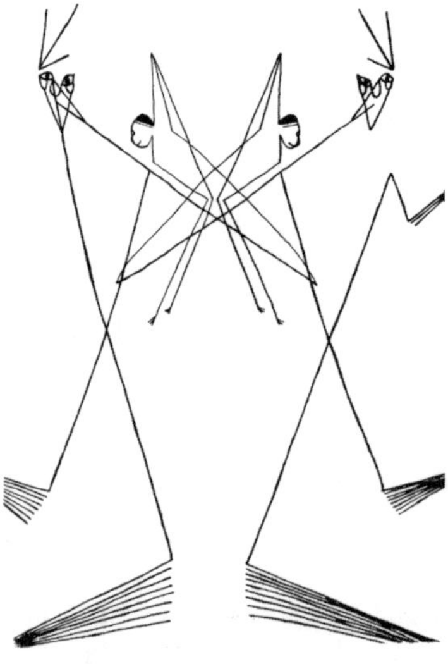

Hörst du mich sprechen von hinter dir?
Ich bin dein Verfolger,
und dann folgst du.

Dreh dich nicht herum.
Du könntest mich sehen und hinter mir dich,
du würdest erschrecken.

Ich werde dir folgen und deinem Schatten Grenzen setzen.
Tu du das Gleiche,
sei Endpunkt.

Aber versuche nicht, die Folge zu kennen.

Auch ich weiß nichts,
ahne vielleicht, so etwas sei möglich.

Unsere Schatten verletzen wir nie.
Sie sind unaussprechlich die Nähe von dir zu mir zu dir
dahinter.

Wir sind die Verfolger,
ungesehener Abschluß und ich zwischen dir.
Aber du vorne mußt laufen der Sonne entgegen.

Und dein Gesicht behalte für dich.
Nimm die Schwarzränder als Geheimnis deiner Augen,
denn du weißt,

wenn es jemanden gibt,
dem keiner deiner Schritte entgehen soll,
darf er dich nicht finden.

Ich danke dir, dein Brand brennt für sich.
Du bist der letzte, dich zu verraten.
Keine Spuren stören und binden.

Und von hinter mir,
aus doppeltem Schatten,
siehst am klarsten du,

wie gut es ist,
nichts zu wissen.

Im Winter '80 kann ich Herrn Wörrlein, Herrn Hörnlein und Ursel, meine drei Helfer vom Arbeitsamt, dem Berufsförderungswerk und der Stadtmission, bei Lebkuchen und Tee davon überzeugen, daß es gerade das Therapeutische an der Wohngemeinschaft ist, das mich mehr be- als entlastet. Ich darf ab sofort unbetreut wohnen.

Liebes Phantom, ich sollte eigentlich Scharlach haben, wenigstens meinte das der Arzt gestern. Morgen will er mir zeigen, daß er recht gehabt hat. Aber nichts da. Die dicken roten Flecken, die er mir triumphierend im Rückenspiegel zeigte, waren verschwunden, sobald ich wieder zurück war aus der verrückten Stadt. Ich habe mich unter den abschätzigen Blicken des Herrn Doktor gefühlt wie ein Schlachtvieh, das schon halb geschlachtet ist, dann aber, weil es doch zum Schlachten zu schlecht ist, in den Abfallkübel soll. So wachsen Scharlachflecken.

Lieber Jürg, wenn Du Dir vorstellst, Du wärest ein Buchstabe, z.Bsp. ein Ü, und auf einmal würde man Dich abschaffen, würde Jürg statt dessen Jyrg schreiben, Du wärest also einfach nicht mehr da, zumindest nicht sichtbar, nicht als Buchstabe, bloß als Klang, weil die Leute, die für solche Dinge zuständig sind, die beiden Striche auf dem U zu mühsam finden oder dem Schreibfluß hinderlich. Wenn Du ein Ü wärest, das sie einfach umformen wollten, wenn sie Dir anböten, Dich mit einem E zusammenzutun und auf die lächerlichen Striche zu verzichten oder statt der Striche einen gefälligen Bogen zu machen, würdest Du da mitmachen, oder würdest Du Dich unsichtbar machen, damit sie auch kein U mehr hätten und aufgeschmissen wären? Oder würdest Du all ihre Papiere mit Dir vollstempeln? Oder Dich aus allen Blättern rausradieren? Oder was würdest Du tun? Oder bist Du gar kein Ü? Sei froh, wenn Du kein Ü bist. Immerhin scheint's ein bißchen in Dir drin zu stecken, das Ü. (20.12.80)

Im Frühjahr ziehe ich in eine Wohngemeinschaft im Altbau mit Künstler, Sanyasin und Katze. Er widmet sich liebevoll dem Hanfanbau und formt manchmal kleine Figürchen, sie trägt Bhagwan um den Hals, springt gerne laut singend durch die Wohnung, hat eine Zwillingsschwester und ein wachsames Auge auf ihn. In der Küche wohnt die Katze und wächst der Schimmel, mittags esse ich in der Kantine.

Wie schon früher, als ich schlagartig meine Kindheit abschloß, Spielzeug und Kuscheltiere entfernte und mir eine neue Schrift zulegte, beende ich mit dem Umzug einen Lebensabschnitt, trenne mich von meinem drogenzugewandten Münchener Freund, von der Psychiatrie und der Verrücktheit. Die Träume werden lauter:

> Atomkrieg
> Die USA vernichten uns. Oder wir uns selber? 53 oder 54 Raketen werden nacheinander über unseren Köpfen in den Himmel gesandt. Im Grunde ist alles schon passiert. Doch wir kämpfen noch, indem wir - ein Dorf - täglich den Staub, der wie feiner, trockener Schnee überall vom Himmel fällt, in kleinen Kapseln sammeln und diesen vernichtenden Stoff in ein Labor tragen. Zum Sammeln sollen wir Handschuhe anziehen, äußerst vorsichtig sein, nicht stolpern. Aber der Staub ist doch überall. Er bedeckt das ganze Dorf mit einer wachsenden Schicht. Im Labor werden die Kapseln behutsam und streng kontrolliert entgegengenommen von Leuten in weißen Kitteln und Häubchen. Im nächsten Zimmer aber wirft man sie achtlos in große Müllbehälter. (Traum vom 3.2.81)

Ich finde Gefallen an der Stadt, sehe mir Achternbusch-Filme im Kino an, Thomas Bernhards »Vor dem Ruhestand« im Theater, lerne eine Puppenmacherin kennen, besuche bis in den späten Abend die Flohmärkte, kaufe mir Stiefel. Zum ersten Mal lebe ich auf eigenen Füßen, mit Geld, das ich nicht erbetteln muß, einem Zimmer, das an keine Bedingungen geknüpft ist, einer öden Ausbildung, wo ich mir eine gewisse Narrenfreiheit und Anerkennung erkämpft habe, mit weniger Tiefgang und einer ihrem Ende entgegendümpelnden Therapie, mit meist oberflächlichen und manchmal herzzerreißenden Beziehungen und nach sechs Jahren zum ersten Mal einem Blick für Landschaft, Natur, auch wo sie bunt, warm und wellig ist.

Im Juli besuche ich noch einmal Kreuzlingen. In den Sommerferien reise ich mit zwei Mitschülerinnen, deren Freund, Bruder und Kind im VW-Bus nach Griechenland. Ein halbes Jahr später schließe ich endlich die Ausbildung ab. Ich ziehe nach Hildesheim, wo meine Geschwister studieren und ich bei zwei außerordentlich verrückten Brüdern, entmündigten Landwirten, unterm Dach wohne, tagsüber jobbe und abends zur Schule gehe.

Mein Dank gilt
dem Phantom, das tonnenweise Post von mir annahm und mich nie bremste, ja sogar gelegentlich freundlich zurückschrieb
Ursel, der Sozialarbeiterin der Stadtmission, die klein und zart war, aber beim Umzug richtig mit angepackt hat
Herrn Hörnlein, dem leitenden Sozialarbeiter vom Berufsförderungswerk, der auch meiner größten Panik gelassen begegnete, Humor hatte und all meine Fehlzeiten klaglos deckte
der Frau vom Arbeitsamt - obwohl sie einmal den Notarztwagen rief - für das Öfchen und die Wolldecke
Fritz für den Sessel, den er auf seinem Kopf in meine Wohngemeinschaft transportierte (und den die Katze leider zerfetzt hat), und dafür, daß er mich jahrelang nicht aufgegeben hat und auch in Nürnberg nach ein paar Tagen Bedenkzeit mich retten ging
meinem Bildhauer-Freund in München, der mit mir stundenlang über Friedhöfe spazierte und mir statt des gewünschten Grabsteins einen weißen Marmorkopf meißelte.

Eine Art öffentlicher Schlußstrich ist meine Teilnahme an einem WDR-Film (»Phantasie zum Überleben«, Henning Burk 1982), das Zerschnippeln der Berufsförderungswerks-Schulhefte vor laufender Kamera, das Herausschneiden meiner Langeweile-Kritzeleien und die Chance, dabei meine Psychiatrie-Aufenthalte zu kommentieren. Aber der Film funktioniert, trotz intensiver Vorbereitung und Absprachen, wie üblich: Es gibt Experten, das sind Psychiater. Es gibt Kreative, das sind Künstler. Und es gibt Kranke. Ich lerne viel über Manipulation im Film, über die Macht, die im Wegschneiden wie im Kommentieren liegt. In den auf Nürnberg folgenden sechs Jahren halte ich mich von der Psychiatrie so fern, daß ich nicht einmal darüber spreche. Abspalten hab ich gelernt.

Ich packe meine Sachen zusammen, Erinnerungen an früher. Christel, die junge schwedische Schwester im Bellevue, hatte mir ein blaues Ei aus Alabaster geschenkt, ein Stopfei mit Geschichte. Wird sie Raum haben in dem, was meine Zukunft sein kann?

Mitgenommen, hinübergetragen in sieben Regale, ruhen die Alten, glas blaß wachs und welk, es steht ihnen zu. Nur das Ei aus Alabaster glänzt osterblau. Und meiner Sorge, die die Toten wiegt, in diesem Stein, droht jedes Frühjahr die Idee, das Senkblei meines Lebens sei ein hartgekochtes Hühnerei, getunkt in Himmelblau.

Nichts ist erfunden, auch wenn nicht alles gesagt ist. Es ist keine »Reise durch den Wahnsinn«, eher eine Geister- und Achterbahnfahrt in den Wahnsinn der Institution Psychiatrie, in die déformation professionel ebenso wie die Deformation der Diagnostizierten, durch die Untiefen verschiedenster psychiatrischer Schulen, kopfüber in eine leergefegte Existenz.

Physisch krank geworden in Mainz, daseinsblaß in Kreuzlinger Manier, fand ich in Häcklingen endlich wieder Feinde. Es ist keine besondere Geschichte, und es sind keine extremen Erfahrungen. Die gut verborgenen Bosheiten und Fallstricke einer ehrgeizigen Mittelstandsfamilie sind ebenso gewöhnlich wie die Nöte als Jugendliche. Die schweren Geschütze, die die Mainzer Uni-Anstalt auffuhr, gehörten zu ihrem Standard-Repertoire, so wie das bodenlose Daseinsgemunkel zum Bellevue und die kalte Kosten-Nutzen-Kalkulation zu Häcklingen. Auch die Zeit danach ohne Perspektive und ohne materielle Absicherung ist die typische Situation der Ex-PatientInnen, wie ich sie von meiner Arbeit im Weglaufhaus kenne.

Ich schreibe mir den Kopf frei von einem irrationalen Gefühl der Mitschuld, weil ich im Gegensatz zu vielen anderen noch am Leben bin. Als helfe es, ihre Namen zu nennen.

»Euch geht's doch zu gut«, hat mein Vater oft zu uns Kindern gesagt, wenn er uns für undankbar und verdorben hielt. Dieser Ruf schallte mir unausgesprochen auch in der – damals – antipsychiatrischen Selbsthilfe-Organisation Irren-Offensive (I.O.) entgegen, als ich 1988 zum ersten Mal dort auftauchte und ein Praktikum im Rahmen meines Studiums machen wollte. Ich hatte mich die letzten sieben Jahre um den Aufbau meiner Existenz bemüht – Abitur, Jobs, Kirchenaustritt, zwei Kinder, Umzug nach Berlin, Studium – und mich so wenig wie möglich mit meiner Vergangenheit beschäftigt. Im Treppenhaus der Fachhochschule für Sozialarbeit und Sozialpädagogik sah ich das gelbe Flugblatt der Irren-Offensive und fand, es sei Zeit, das mehrjährige Loch in mein Leben zu integrieren.

In der I.O., Hinterhaus vierter Stock, hatte ich sofort das Gefühl, etwas zu ordentlich gekleidet zu sein und als Studentin mit zwei Kindern zu nah am Bürgerlichen und am Erfolg zu stehen. Ich benutzte die falschen Vokabeln, statt Neuroleptika sagte ich Medikamente und statt von Insassen sprach ich ahnungslos von Patienten. Meine Psychiatriegeschichte war womöglich schon verjährt. Ich wurde nicht von allen mit offenen Armen empfangen. Aber da ich mich nicht abschrecken ließ, gehörte ich bald dazu, Anderssein war gestattet.

Auch in der I.O. geriet ich in eine Endphase. Es ging hoch her, in den Mitgliederversammlungen warfen sich die Fraktionen gegenseitig aus dem Verein, es wurde auf Formalitäten herumgeritten, mit Beleidigungen und mit Wurfgeschossen argumentiert, und ich saß als jüngstes Mitglied und erste Praktikantin mittendrin und fühlte mich beiden Fronten verbunden. Da hatte ich ein neues Zuhause gefunden, in dem ich mit meiner verborgenen Geschichte Platz fand, und schon drohte es sich aufzulösen. Ich blieb beiden Seiten treu, den Hardlinern und der Weglaufhausgruppe, an der auch Nichtbetroffene beteiligt waren.

Erst als bei einem Treffen, das wegen der Kinder in meiner Wohnung stattfand, per Abstimmung das Weglaufhausprojekt zunichte gemacht werden sollte, für das Tina Stöckle und ich gerade ein Konzept entworfen hatten, traf ich meine Entscheidung fürs Weglaufhaus und damit gegen den Rest der I.O. Es war eine verrückte Situation, im Rückblick auch eine komische. Da empfange ich ein gutes Dutzend Leidensgenossen, freue mich, bewirte sie, und zwei Stunden später flüchte ich aus meinem Wohnzimmer, stehe zusammen mit Tina ratlos in der Küche und habe das Gefühl, aus der eigenen Wohnung hinausgeworfen zu sein und nur der Kinder wegen ausharren zu müssen.

Es dauerte lange, bis ich in der Weglaufhausgruppe das Gefühl hatte, wirklich mitreden zu können. Von Anfang an ging es viel um Politik, um Geld und um die Medien. Immer war zu wenig Zeit, um alles zu erklären und in Ruhe zu diskutieren. Man war hart und konzentriert bei der Sache, aber auch aufmerksam füreinander. Das Persönliche war nicht Thema, aber es fand statt. Für mich wurden die wöchentlichen Treffen des Vereins zum Schutz vor psychiatrischer Gewalt zum wichtigsten Termin. Ich schrieb in Windeseile und in jeder freien Minute an meiner Diplomarbeit (»Die Sprache der Verrücktheit und die Entgegnung der Psychiatrie«, 1990). Meine beiden Töchter, deren Kindertagesstätte wochenlang bestreikt wurde, waren vier und sechs Jahre alt und sahen mich zu der Zeit nie ohne ein Buch in der Hand. Beim Kochen, wenn sie badeten, selbst beim Essen, beim Arzt, vor der Kasse im Supermarkt, auf dem Spielplatz, immer steckte meine Nase in einem Buch, und nur mit großem Geschrei und spektakulären Aktionen konnten sie mich daraus hervorlocken.

Ich schreibe mir auch den Weg frei, raus aus dem Weglaufhaus? Immer wieder stoße ich auf Parallelen zwischen dem, was ich heute bezahlt tue, und dem, was ich damals von solchen Leuten wie mir heute erwartet habe. Ich stehe mir selbst gegenüber als die Bewohnerin, die in grenzenloser Wut und Verzweiflung brüllt und wütet und meine Beschwichtigungsversuche nur als unerlaubte Einmischung zurückweisen kann. Ich stehe mir auch als der junge Mann gegenüber, der ob dieser ganzen nervtötenden Gefühlsduselei das Weite sucht, als die ruhebedürftige Frau, die sich schimpfend endlich zur Wehr setzt, als das erschrockene Mädchen, das in der konzentrierten Atmosphäre Angst hat zu verschwinden.

Kann ich mir die Psychiatrie vom Leib schreiben? Bin ich sie erst los, wenn sie in meinen Gedanken nicht mehr auftaucht, auch nicht antipsychiatrisch? Ist es eine besonders perfide Rache der Psychiatrie, daß wir im Weglaufhaus oft mit der Wut, dem Haß und der Zerstörung überschüttet werden, die die BewohnerInnen eigentlich ihr schulden?

»Du unterliegst der doppelten Schwerkraft«, sagte vor zwanzig Jahren mein Therapeut zu mir. Damals nahm ich diesen Satz als finsteres Urteil, dessen Wucht in seinem Wahrheitsgehalt lag. Der Weg zwischen der dreizehnten Klasse und dem Abitur, den ich in diesem Buch beschrieben habe, hat mich tatsächlich schwerer gemacht. In meinen Träumen hüpfe ich gerne känguruhartig in weiten leichten Schritten über die Erde, kein Fliegen, nur ein schwereloses, zartes, gelegentliches Berühren des Bodens mit der Fußspitze.

»Schwebt und schwindet«, so benenne ich grippeschwer das Jahr '99 und beginne zu schreiben. Beim Teekochen jagen sich vor dem Küchenfenster zwei Eichhörnchen durch die Bäume, Schwäne fliegen über das Haus, sechs Schwäne.

»Was macht sie da?«, fragt in dem slowakischen Spielfilm »Der Garten« (Martin Sulik, 1995) der Vater seinen Sohn. Er blickt auf das Mädchen, das entspannt in der Luft liegt, flach über dem Gartentisch. »Schweben«, antwortet beiläufig der junge Mann, und der Vater: »Nun ist endlich alles so, wie es sein soll.« Ich schwebte gern. Verschwinden ist leichter.

Hat das mit Glauben zu tun? Papa konnte nicht an Gott glauben, denn er war es selber. Ich glaubte lieber an den Gott der Kirche als an den zu Hause. Und dann glaubte ich, man müsse mir helfen. So unerschütterlich war ich in diesem Glauben, daß ich meine vielen Schutzengel immer aufs neue herausforderte: »Zeigt mir, daß die Mühe lohnt!« Erst in Häcklingen merkte ich, daß Rettung nicht mehr stattfindet. Und in Nürnberg war es mein zuverlässigster Retter, der mich aufgeben mußte, damit ich endlich von meinem Kinderglauben loskam.

Es steckt ein ganz persönliches Interesse hinter diesem Buch, die Beschäftigung mit mir sollte für mich etwas Verbindliches haben, für alle anderen aber freiwillig sein und nicht ihrem Broterwerb dienen. Im Idealfall springt dabei auch etwas für sie heraus, die Ermutigung zu einem zweiten, späteren Blick, den die Distanz ebenso schärft wie sie das Urteil entschärfen kann. Ich würde auch gerne dazu anregen, den psychiatrischen Diagnosen wie auch den Akten nicht das letzte Wort zu lassen, sondern sie als eine zunächst träge Masse zu betrachten, die erst dann zur kritischen Masse wird und selbsterhaltende Kettenreaktionen in Gang setzt, wenn man ihr Glauben schenkt.

Am Ende paßt mir die ganze Geschichte nicht mehr. Sie kratzt und ist aus der Mode, Patchwork, ein zu grober Stoff, »homemade – I'm afraid«. Ich passe mir ein Früher an, schneide weg, gebe dazu, wo es eng wird, säubere die Kanten. Soll ich mir eine andere Geschichte schreiben? Was gibt es zu fühlen? Ich würde gern verschiedene Geschichten probieren, hineinschlüpfen, mich unverbindlich in ihnen bewegen und schließlich diejenige auswählen, die Spielraum läßt, ohne die Form zu verlieren – ein Kleid, das mit dem Tragen farbig wird und zu schimmern beginnt.

Zitatnachweis

Vorher
Aureden: S. 49ff., 62f.
Bernhard: S. 29, 33, 111, 136, 23, 42f., 47

Uni Kliniken Mainz
Boss: S. 780
Dörner/Plog: S. 546
Kafka: S. 56, 56, 58, 94f., 60, 77f., 73, 91, 78

Sanatorium Bellevue
Aeschbacher: S. 22, 23
Binswanger: S. 91, 119
Plath: S. 21f.

Sozialpsychiatrie Häcklingen
Autorengruppe Häcklingen/Uelzen: S. 146, 145, 149f., 236, 100, 262, 38, 78

Quellen

Aeschbacher, Jörg: Wie aus der Spinnwinde eine therapeutische Gemeinschaft wurde. In: Tagesanzeiger (Zürich), 5.4.1980, Magazin Nr. 14, S. 16 - 23

Aureden, Lilo: Schön sein - schön bleiben. Gütersloh 1964

Autorengruppe Häcklingen/Uelzen: Ausgrenzen ist leichter. Alltag in der Gemeindepsychiatrie. Rehburg-Loccum 1981

Bernhard, Thomas: Die Macht der Gewohnheit. Komödie. Frankfurt a.M. 1974

Binswanger, Ludwig: Schizophrenie. Pfullingen 1957

Boss, Medard: Alte und neue Schocktherapien und Schocktherapeuten. In: Zeitschrift für die gesamte Neurologie und Psychiatrie, Band 173 (1941), S. 776 - 782

Casares, Adolfo Bioy: Fluchtplan. Frankfurt a.M. 1977

Dörner, Klaus / Plog, Ursula: Irren ist menschlich - oder Lehrbuch der Psychiatrie / Psychotherapie. 3. Auflage, Bonn 1986

Kafka, Franz: Die Verwandlung. In: Sämtliche Erzählungen. Frankfurt a.M. 1977, S. 56 - 99

Kudszus, Winfried: Literatur und Schizophrenie. Theorie und Interpretation eines Grenzgebiets. München / Tübingen 1977

Peters, Uwe Henrik: Wörterbuch der Psychiatrie und medizinischen Psychologie. Augsburg 1997

Plath, Sylvia: Ariel. Gedichte. Frankfurt a.M. 1977

Aus dem Peter Lehmann Antipsychiatrieverlag

Kerstin Kempker (Hg.)

Flucht in die Wirklichkeit

Das Berliner Weglaufhaus

ISBN 3-925931-13-9
344 Seiten · 60 Fotos
65 Abbildungen · 1998
DM 34,- · sFr 32,-
öS 245,-

Eine abwechslungsreiche Sammlung teilweise bizarrer Erfahrungen der BewohnerInnen und MitarbeiterInnen dieser bundesweit ersten öffentlich finanzierten Zufluchtstätte für Psychiatriebetroffene.

»Zweifellos eines der schönsten Psychiatrie-Bücher überhaupt, pardon, natürlich ist dieser liebevoll gestaltete Band ein Antipsychiatrie-Buch. Das Geheimnis dieses Buches ist, daß es endlich beschreibt, wie ›es‹ eigentlich geht. Was macht man eigentlich mit Menschen, die durchknallen? ... Aber das beste ist die absolut umwerfende Schreibe der Herausgeberin und Hauptautorin Kerstin Kempker. Sie nimmt den Leser mit in das chaotische Büro, in die schlaflosen Nächte.«
Ilse Eichenbrenner, *Soziale Psychiatrie*

Kerstin Kempker

Teure Verständnislosigkeit

Die Sprache der Verrücktheit und die Entgegnung der Psychiatrie

ISBN 3-925931-04-X
128 Seiten
18 Abbildungen · 1991
DM 19,80 · sFr 19,-
öS 145,-

Preis der Verrücktheit ist das Risiko der Psychiatrisierung und der Verlust der gemeinsamen Sprache; Preis der Anpassung wäre jedoch die Preisgabe der eigenen Identität.

»Kerstin Kempker versammelt in einer Art Collage einer Fülle von Zitaten das antipsychiatrische und psychiatriekritische Erbe und konfrontiert es mit dem Selbstverständnis der Psychiatrie. Die Collage wird dadurch zu einer bewegenden Konfrontation, daß Äußerungen von Antonin Artaud, Ingeborg Bachmann, Sylvia Plath, Robert Walser oder Unica Zürn einbezogen sind, also Äußerungen von SchriftstellerInnen, die über die Grenzen der instrumentellen Vernunft hinaus gelebt und geschrieben haben...«
Heiner Keupp, *Psychologische Literaturumschau*

Kerstin Kempker,
Peter Lehmann (Hg.)

Statt Psychiatrie

ISBN 3-925931-07-4 · 512 Seiten
46 Abbildungen · 1993
DM 35,- · sFr 32,- · öS 250,-

»Kerstin Kempker und Peter Lehmann haben ein ermutigendes, verständliches und schon durch die verschiedenen Sprachstile abwechslungsreiches Buch herausgebracht. Es gibt vielfältige lebensnahe persönliche, aber auch handfeste juristische und politische Antworten auf die Frage: ›Was hilft mir – statt Psychiatrie?‹« (Iris Hölling, *Dr.med.Mabuse*)

Uta Wehde

Das Weglaufhaus

Zufluchtsort für
Psychiatrie-Betroffene

ISBN 3-925931-05-8 · 192 Seiten
1991 · DM 7,80 · sFr 7,- · öS 55,-

»Das Buch imponiert mir durch seine Klarheit der Sprache und der Gedankenführung. Es liefert nützliche Informationen über Idee und Wirklichkeit der Weglaufhäuser.«
Heiner Keupp,
Psychologische Literaturumschau

Peter Lehmann (Hg.)

Psychopharmaka absetzen

Erfolgreiches Absetzen von Neuroleptika, Antidepressiva, Lithium, Carbamazepin und Tranquilizern

ISBN 3-925931-12-0
376 Seiten · 1998
DM 37,- · sFr 35,-
öS 260,-

Wie diese Substanzen abgesetzt werden können, ohne gleich wieder im Behandlungszimmer des Arztes oder in der Anstalt zu landen. 35 Betroffene aus aller Welt schreiben über ihre Absetzerfahrungen. Alle leben jetzt frei von Psychopharmaka.

Ergänzend berichten Psychotherapeuten, Psychiater, Heilpraktiker, Mediziner und Sozialarbeiter, wie sie ihren Klientinnen und Klienten beim Absetzen helfen.

»Egal wie man als psychosozial Tätige die Risiken des Absetzens einschätzt: Die Entscheidung liegt letztlich bei den Betroffenen. ... Gut, daß es jetzt das neue, zudem auch noch spannend zu lesende Buch zu dem bisher sträflich vernachlässigten Thema gibt.«
Iris Hölling, *Soziale Psychiatrie*

Peter Lehmann

Schöne Neue Psychiatrie

Band 1:
Wie Chemie und Strom auf Geist und Psyche wirken

ISBN 3-925931-09-0 · 400 Seiten
35 Abbildungen · 1996
DM 35,- · sFr 32,- · öS 250,-

Band 2:
Wie Psychopharmaka den Körper verändern

ISBN 3-925931-10-4 · 544 Seiten
54 Abbildungen · 1996
DM 39,- · sFr 36,- · öS 290,-

Über die psychischen und zentralnervösen ›Neben‹-Wirkungen (Band 1), die Schäden an den inneren Organen, am Bewegungsapparat, Abhängigkeitsprobleme und Entzugserscheinungen (Band 2).

»Nirgendwo sonst sind so viele Informationen über unerwünschte Wirkungen von Psychopharmaka aller Art, insbesondere aber von Neuroleptika, zusammengetragen. Peter Lehmanns Buch ist ein großartiges Geschenk an die Psychiatrie. Diese hat allen Grund, sich bei ihm für den immensen Arbeitsaufwand zu bedanken, den er für sie und für die psychisch Kranken geleistet hat. ... Psychiatrisch Tätige, lest das Buch, schon damit Ihr mit Kranken diskutieren könnt, die es auch gelesen haben!« (Asmus Finzen, *Soziale Psychiatrie*)

»An manchen Stellen liest sich Peter Lehmanns ›Schöne neue Psychiatrie‹ wie ein Dokumentarkrimi. Detailliert auswertend, akribisch recherchierend und trotz der oftmals überwältigenden Faktenfülle flüssig und gut verständlich geschrieben, führt Lehmann durch die ansonsten eher abgekapselte Medikamentenwelt der modernen Psychiatrie, die fast unmerklich längst unseren Alltag psychiatrisiert hat.« (Gaby Sohl, *Wochenzeitung*, Zürich)